Jens Baum

Wie's weitergeht, wenn nichts mehr geht

Strategien in schwierigen Zeiten

Kösel

In Dankbarkeit für die reichen
und wertvollen Erfahrungen, die ich gerade in
schwierigen Zeiten machen durfte.

MIX
Papier aus verantwortungsvollen Quellen
FSC
www.fsc.org
FSC® C014889

Verlagsgruppe Random House FSC® N001967
Das für dieses Buch verwendete FSC®-zertifizierte Papier
Munken Premium Cream liefert Arctic Paper Munkedals AB, Schweden

12. Auflage 2013

Umschlag: Elisabeth Petersen, München
Umschlagmotiv: Premium Stock, Düsseldorf
Druck und Bindung: Pustet, Regensburg
Printed in Germany
ISBN 978-3-466-30571-1

Weitere Informationen zu diesem Buch und unserem gesamten lieferbaren
Programm finden Sie unter
www.koesel.de

Inhalt

Veränderungen

Ich gehe die Straße hinab.
Im Bürgersteig ein tiefes Loch.
Ich falle hinein.
Ich bin am Ende und ich bin hilflos.
Aber ich kann nichts dafür.
Es dauert ewig, hier wieder herauszukommen.

Ich gehe die gleiche Straße hinab.
Im Bürgersteig ein tiefes Loch.
Ich tue, als nähme ich es nicht wahr.
Ich falle wieder hinein.
Ich kann nicht glauben, dass ich wieder drinstecke.
Und wieder dauert es lange, bis ich endlich herauskomme.

Ich gehe die gleiche Straße hinab.
Im Bürgersteig ein tiefes Loch.
Ich sehe, dass es da ist.
Es ist schon Gewohnheit.
Ich falle wieder hinein.
Meine Augen sind offen.
Ich weiß, wo ich bin.
Ich kann sehr wohl etwas dafür.
Ich steige sofort heraus.

Ich gehe die gleiche Straße hinab.
Im Bürgersteig ein tiefes Loch.
Ich gehe drum herum.

Ich gehe eine andere Straße hinab.

(Verfasser unbekannt)

Vorwort

Sie haben sich verlaufen in einer großen und fremden Stadt und wissen nicht mehr weiter. Sie irren lange herum und es geht Ihnen zunehmend schlechter. Sie sind hungrig, müde, die Beine schmerzen und Sie können bald nicht mehr weiter. Sie hatten sich den Ausflug so schön vorgestellt und sind nun enttäuscht, frustriert, unglücklich und traurig, vielleicht auch wütend. Die Stimmung ist wirklich auf dem Nullpunkt bzw. noch darunter.

Endlich fragen Sie jemanden, von dem Sie annehmen, dass er Ihnen weiterhelfen kann. Er nimmt Sie beiseite, sagt, das sei kein großes Problem und zeigt Ihnen den Weg zu Ihrem Ziel. Können Sie sich vorstellen, wie Sie sich in diesem Moment fühlen? Sie sind noch immer da, wo Sie vor ein paar Minuten auch gewesen sind, nämlich da, wo Sie gar nicht sein wollen, und dennoch: Es geht Ihnen gleich viel besser! Ja, Sie fühlen sich erleichtert, atmen tief durch, die Erschöpfung verfliegt und Sie sind wieder zuversichtlich, Ihr Ziel doch noch zu erreichen. Zwar sind Sie noch nicht am Ziel und müssen sich Schritt für Schritt auf den Weg machen und vielleicht noch mal fragen, aber dennoch: Sie fühlen sich allein schon deshalb besser, weil Sie den Weg bzw. die Richtung kennen!

Genau davon handelt dieses Buch!

Haben Sie das Gefühl, sich in der »großen Stadt des Lebens« verirrt zu haben? Stehen Sie »im Nebel« und wissen nicht mehr weiter? Sind Sie enttäuscht vom Leben, von den Mitmenschen, sind Sie niedergeschlagen oder auch wütend? Haben Sie Angst, wie es weitergehen soll? Sind Sie dabei zu resignieren? Ich kenne Ihre Emotionen sehr gut und weiß, wie hilflos Sie sich im Leben fühlen können, das Ihnen manchmal wie ein Irrgarten vorkommt, aus dem Sie den Weg nicht mehr herausfinden.

Ist es nicht gerade das Rätselhafte Ihrer Probleme im Leben, das Ihnen so viel Kummer und Angst macht? Vor den Schwierigkeiten zu stehen, ist schon schwierig genug. Aber überhaupt nicht zu begreifen, wie es dazu gekommen ist, ist erst recht belastend und lässt Sie manchmal fast verzweifeln, weil Sie gar nicht wissen, was eigentlich los ist. Sie werden in diesem Buch erfahren, dass sich das Rätselhafte allmählich auflösen wird, dass Sie beginnen werden, den Entstehungsmechanismus Ihrer Probleme zu begreifen. Dies hat eine gewaltige zuversichtliche Wirkung! Denn das Leben ist einfach! Leben ist keine geheimnisvolle Wissenschaft!

Sie empfinden dies angesichts Ihrer Lage als Provokation? Schön, dann habe ich Sie wach gemacht. Ich verstehe Sie sehr gut, es ging mir auch nicht anders. Ich kenne die langen Durststrecken im Leben gut, die dunklen Zeiten und all die schmerzlichen Gefühle, die uns oft genug in die Knie zu zwingen scheinen. Dies wird für Sie deutlich, wenn Sie meine eigene Geschichte kennen, die damit beginnt, dass ich als Frauenarzt in eigener Praxis eine wunderbare Existenz hatte. Die Arbeit machte mir große Freude und der Erfolg tat mir gut. Dieser Erfolg verleitete mich jedoch dazu, über meine Verhältnisse zu leben, was ich aber viel zu spät bemerkte. So wuchsen die Schulden, sowohl beruflich als auch privat. Deshalb nahm ich Angebote zum Erwerb von Immobilien an, nach deren kurzfristigem Verkauf gute Gewinne zu erzielen waren, womit ich meine Schulden tilgen wollte. Zu spät erkannte ich, dass ich es mit kriminellen Immobilienvermittlern zu tun hatte, so dass ich letztlich durch die entstandenen zusätzlichen hohen Schulden meine Praxis verlor. Hinzu kam der Verlust an Ansehen, ich erfuhr Verachtung, hörte wegen des Praxisverlusts von bösen Gerüchten, kurz: Ich stürzte tief. Hinzu kam, dass eine seit Jahren bestehende Eheproblematik eskalierte, so dass ich mich auch von meiner Frau und meinen drei Kindern trennen musste. Es ist mir zwar gelungen, die Praxis eines älteren Kollegen zu übernehmen, diese verlor ich jedoch wieder wegen der Folgen der damaligen Gesundheitsreform. Ich stand nun wirklich vor dem Nichts, hatte keine berufliche Existenz mehr, keine Familie, kein Einkommen, einen Riesenschuldenberg und fühlte mich auf dem »Abstellgleis des Lebens«. Ich kenne die Situation, DM 20,- in der Tasche zu haben, ohne zu wissen, wann und woher das nächste Geld kommt, und bezog eine Zeit lang Sozialhilfe. Die Gefühle von Angst, Verzweiflung, Schmerz, Mutlosigkeit etc., die damit verbunden waren, waren vielfältig und dermaßen heftig, dass ich nachvollziehen kann, wenn manch anderer den Mut völlig verliert.

Aber ich bin immer weiter gegangen und habe erlebt, wie man auch aus einer schweren Krise bereichert und gestärkt hervorgehen kann. Meine Mitmenschen haben völlig erstaunt sich die Augen gerieben und konnten es zunächst kaum glauben. Ich habe in dieser Zeit und danach dermaßen viel über das Leben und seine Gesetzmäßigkeiten erfahren, dass ich mich letztlich bereichert und beschenkt fühle. Derzeit arbeite ich als ärztlicher Therapeut in einer psychosomatischen Klinik, bin mit einer wunderbaren Frau verheiratet und habe eine dreijährige Tochter und einen einjährigen Sohn. Durch meine Teilnahme am neuen Insolvenzverfahren kann ich in einigen Jahren damit rechnen, wieder schuldenfrei zu sein.

Meine langjährige Arbeit mit Menschen in leidvollen Situationen haben mir immer wieder bestätigt, dass es möglich ist, die innere Ruhe und Zufriedenheit, den inneren und äußeren Reichtum, die Erfüllung im Leben zu finden. So entstand die Idee dieses Buches, Menschen in leidvollen und krisenhaften Situationen aufzuzeigen, wie es möglich sein kann, den ganzen »Mist« zu kompostieren und guten Humus daraus zu machen.

Durch Dunkelheit zum Licht.

Das ist das spannende Thema dieses Buches!

Es liegt mir fern, Sie wie einen störrischen Esel in eine bestimmte Richtung zu zerren oder Ihnen irgendwelche Überzeugungen überzustülpen. Ich kann und werde nicht die Entscheidungen in Ihrem Leben fällen. Sie sollten aus eigener Überzeugung die Weichen für Ihr weiteres Leben stellen.

Was ich tun kann, ist, Ihnen Wegweiser hinzustellen, die Ihnen Richtungen zeigen. Aber gehen müssen Sie den Weg selbst. Und dazu sind Entscheidungen notwendig. Sie werden sich entscheiden müssen, alte und eingefahrene Gedankenmuster abzulegen und durch neue zu ersetzen. Wenn Sie nicht bereit dazu sind und an Ihren bisherigen Mustern festhalten, wird sich an Ihrer Lage und an Ihren Aussichten auch nichts ändern. Also: Das Alte hat Sie hineingeritten, und mit dem Neuen geht es wieder heraus!

Dieses Buch begleitet Sie auf einer Entdeckungsreise in Ihre Gegenwart, Ihre Vergangenheit und Ihre Zukunft. Sie werden sich zunächst die derzeitige Lage genauer anschauen, Ihren Ist-Zustand, und die ersten »Sofortmaßnahmen« kennen lernen, um mit belastenden Situationen ein Stück besser umgehen zu können. Dann blicken Sie auf die Hintergründe Ihrer Lage und verstehen zunehmend, wie es dazu gekommen ist. Letztlich geht es um die Gestaltung und die Zukunft Ihres weiteren Lebens.

Sie sind Ihr eigener Gestalter in Ihrem Leben!

Vertrauen Sie darauf, dass dies ein Satz ist, den auch Sie am Ende dieses Buches sagen werden.

Ihre derzeitige Lage

Es geht kein Weg daran vorbei, Sie müssen sich noch eine Weile mit dem beschäftigen, was Sie hinter sich lassen wollen: Ihre gegenwärtige Lage. Das hat nichts damit zu tun, dass Sie nun noch genüsslich in Ihren derzeitigen Problemen baden sollen, schon gar nicht in Selbstmitleid oder mit Jammern, sondern mehr damit, den jetzigen Standort zu bestimmen, ihn nüchtern anzuschauen. Sie brauchen einen klaren Blick, um nach vorn gehen und Entdeckungen machen zu können. Dieser klare Blick lässt Sie auch die Gegenwart und deren Hintergründe besser erkennen.

Materielle Krisen

Sie alle kennen sie, diese Situationen, in denen Ihnen die sorgenvollen Gedanken den Schlaf rauben. Meist hat es mit Geld zu tun oder genauer: mit dem Geld, das offenbar nicht vorhanden ist. Die Lage erscheint Ihnen schwierig, oft auch bedrohlich, manchmal verzweifelt. Sie wissen nicht, ob genügend Geld da sein wird, um all Ihre Verpflichtungen einhalten zu können. Sie denken an eine drohende Arbeitslosigkeit, an finanzielle Engpässe, da wird der Kredit gekündigt, der Schuldenberg wächst, da kommen Mahnbescheide und Vollstreckungen. Schließlich klingelt der »Herr mit der Aktentasche« morgens an der Tür und fordert Sie freundlich und bestimmt mit dem »Kuckuck« in der Hand auf, endlich zu bezahlen. Ihre schönen Dinge und Ihr Auto drohen verloren zu gehen, der Pleitegeier kreist um das eigene Haus oder auch die eigene Firma.

Das sind wahrhaftig keine erbaulichen Vorstellungen. Ich kenne Ihre Gefühle, sie reichen von Entsetzen, Angst, Panik, Frust, Empörung, Trauer bis hin zu Apathie, Hilflosigkeit, Pessimismus, Verbitterung und Depressivität. Das ist alles verständlich und nachvollziehbar. Auch ich habe all dies erleben müssen, die ganze Palette rauf und runter, und kann somit behaupten, dass ich weiß, wie Ihnen zumute ist.

Dazu kommt die Angst vor Verlust von Ansehen, sozialer Stellung und den so genannten Freunden. Alles, was man sich aufgebaut hat, droht den Bach hinunterzugehen und Sie grübeln darüber nach, wofür Sie eigentlich gearbeitet haben. Es gibt viele Möglichkeiten, in solche Krisen zu geraten, ich denke u.a. an Ehescheidungen mit dem Verlust der Familie, an Arbeitslosigkeit durch Stellenabbau, an dauernde Berufsunfähigkeit, an Unfälle mit bleibenden Behinderungen, aber auch an einen unangepassten Lebensstil und vieles mehr. Nur der, der sich einmal solchen Situationen gegenübergesehen hat, kann ermessen, was sich da im Inneren eines jeden abspielt.

Emotionale Krisen

Ich sehe sie vor mir: die Menschen, die nicht mehr weiter wissen, die einfach fertig sind, erschöpft, niedergeschlagen, ohne Lebensfreude, verzweifelt, mutlos usw. Sie sitzen als Patienten tagtäglich vor mir und berichten von ihrem Leid. Aber dabei bleibt es oft nicht: Sie jammern, sie beklagen sich, sie hadern, sie ärgern sich, sie sehen einfach »kein Land« und keinen Weg heraus aus dem Leid.

»Ich kann nicht mehr!« Kennen Sie das? Dieses Gefühl, es geht nichts mehr, absolut nichts mehr. Der Tag steht wie ein Berg vor Ihnen, das fängt schon nachts an, wenn Sie nicht schlafen können. Sie wachen zwei Stunden zu früh auf, wälzen sich im Bett hin und her, Sie grübeln über die Probleme von gestern und von morgen, immer wieder, ohne Ende, die Gedanken kreisen. Und dabei brauchen Sie doch so dringend den Schlaf! Zusätzlich steigen noch Ärger und Wut hoch, aber das hindert Sie noch mehr am Schlaf. Und so befinden Sie sich in einer sehr unerfreulichen Spirale. Sie denken an den langen Tag, wie Sie den bloß überstehen sollen, wenn Sie schon gerädert aufstehen müssen. Angst kriecht hoch, manchmal panische Angst, es alles nicht zu schaffen, Angst davor, was alles geschehen könnte, wenn Sie versagen. Sie machen tapfer die Augen zu, um zur Ruhe zu kommen, aber es lässt sie nicht in Ruhe. Immer wieder geht der Blick zur Uhr, der Zeiger kriecht in Zeitlupe weiter. Und es ist wie eine Erlösung, wenn es endlich Zeit zum Aufstehen ist. Mit einer guten Portion Kaffee geht es dann so einigermaßen und irgendwie kommen Sie tatsächlich über den Tag hinüber, mehr schlecht als recht. Abends ist dann nur noch Kraft dafür da, die Fernbedienung für den Fernseher in der Hand zu halten. Jede sinnvolle Beschäftigung erscheint unmöglich.

Dies ist in der Tat die Realität von vielen. Eugen Roth hat sicherlich an diese Realität gedacht, als er das folgende Gedicht schrieb:

Ein Mensch schaut in der Straßenbahn
der Reihe nach die Menschen an.
Jäh ist er zum Verzicht bereit
auf jede Art Unsterblichkeit.

Schauen Sie sich um, schauen Sie Ihren Mitmenschen in ihr Antlitz, auf ihren Gesichtsausdruck, in ihre Augen. Es scheint fast so, als ob irgendetwas ihnen Energie abzieht, sie regelrecht aussaugt, ihnen die Kraft nimmt. So wie Sie das Gefühl haben, dass ihnen diese Kraft genommen wird, scheint Ihnen auch Ihre Lebendigkeit, Ihre Zuversicht, Ihr innerer Reichtum, Ihre Lebensfreude genommen zu werden.

Es ist eine wichtige, wenn auch banale Erkenntnis:

Ihnen fehlt genügend Energie!

Gewiss, diese Feststellung allein erscheint noch nicht sonderlich hilfreich. Und doch ist es wichtig, sich diesen Mangel zunächst einmal einzugestehen. Sie fühlen sich oft schwach und bedürftig.

Haben Sie sich schon mal überlegt, was Ihnen die Energie raubt? Wie sieht Ihre eigene Realität aus? Schauen Sie sich um, Sie werden bei sich und auch bei anderen eine Fülle von Themen finden, die als große Belastung empfunden werden, wie Steine, die Ihnen um den Hals hängen, die Sie herunterziehen und es Ihnen nicht möglich machen, frei, unbeschwert und aufrecht zu leben.

Doch wie viele Menschen halten in förmlicher *Leidenslust* an ihrem bisherigen Verhaltensmuster fest? Sie tun dies, obwohl sie spüren, dass es nicht funktioniert, dass es ihnen nicht gut geht dabei. Sie leiden und verhalten sich weiter in der Art, dass das Leiden bestehen bleibt. Dieses Festhalten an der alten Art bedeutet jedoch auch die *Entscheidung* dafür, dass das Leiden weitergeht.

Es gibt Gründe, warum wir so oft an Denk- und Verhaltensweisen festhalten, die uns absolut nicht gut tun, sondern die Probleme nur vergrößern. Sie werden später noch lesen, wie Sie konstruktive Denk- und Verhaltensmuster lernen können, um diese emotionalen Probleme aufzulösen. Tatsächlich haben Sie jeden Anlass, sich auf die baldige Lösung zu freuen, da das Erlernen dieser neuen Muster nichts Geheimnisvolles oder Schwieriges beinhaltet.

Sie finden hier eine Aufstellung der wichtigsten Themen, unter denen Menschen immer wieder leiden. Vorschläge für einen konstruktiveren Umgang damit finden Sie im letzten

Kapitel *Lebenshilfen*. Hier beschränke ich mich lediglich darauf, die Inhalte der problematischen Themen kurz anzureißen. Wo finden Sie sich wieder?

Abhängigkeit von anderen

»Ich muss es anderen immer recht machen!« »Ich kann nicht ›nein‹ sagen!« Wie oft höre ich diese Sätze! Wie oft werden im Privatleben, aber auch im Beruf eigene Wünsche und Vorstellungen zurückgestellt, um den Wünschen und Vorstellungen anderer zu entsprechen und sich von ihnen abhängig zu machen. Dies klingt zunächst sehr nach mitmenschlicher Hilfe und Liebe. Und doch: Wie viel Leid steckt dahinter! Da werden die eigenen Kräfte, Möglichkeiten und Grenzen immer wieder überschätzt und ignoriert. Und wenn ständig eigene Grenzen überschritten werden, drohen letztlich Erschöpfung oder Zusammenbruch. Dann können Sie sich auch sehr schön beklagen über die anderen, die Sie nicht in Ruhe lassen und Sie ständig überfordern. Eigene Wünsche und Ansprüche werden geringer geachtet als die Wünsche und Ansprüche anderer.

Erwartungshaltung

»Warum kann mein Mann mich nicht mal etwas unterstützen, er weiß doch, wie schwer ich es habe!« Ja, warum kann er es nicht mal tun, das wäre gewiss schön. Wie steht es mit Ihren Erwartungen in das Verhalten anderer Menschen? Wünschen Sie sich auch Zuwendung, Verständnis, Hilfe oder ganz konkret Dinge, die andere für Sie tun sollten? Welche Erfahrungen haben Sie mit Ihrer Erwartungshaltung gemacht? Ich habe bislang noch keinen Menschen getroffen, der mit seiner inneren Erwartungshaltung positive Erfahrungen gemacht hat. Und dennoch wird die Erwartungshaltung aufrechterhalten, wohl wissend, dass es einem letztlich damit nicht gut geht. Hier wird auch ein Verhalten der Abhängigkeit von anderen deutlich: Der andere hat letztlich die Entscheidung darüber zu bestimmen, ob es Ihnen gut oder schlecht geht. Verhält er sich nämlich entsprechend Ihren Erwartungen, geht es Ihnen gut; tut er dies nicht, geht es Ihnen schlecht. Es folgen Enttäuschung, Verbitterung, Wut.

Vorwürfe

»Du bist schuld daran, dass es mir schlecht geht!« Wie gehen Sie nun mit Ihrer Enttäuschung um? Sie hatten sich etwas so schön vorgestellt und nun ist es ganz anders gekommen. Es wäre sicherlich eine interessante Frage, was Sie selbst dazu beigetragen haben, dass es so gekommen ist. Aber das tun Sie nicht. Sie gehen erst mal auf den anderen los und machen ihm Vorwürfe, d.h. Sie geben ihm zu verstehen: Du bist dafür verantwortlich, dass es mir schlecht geht! Das ist fast schon wie ein Angriff. Nicht selten geht der andere zum Gegenangriff über und dann haben Sie eine Situation, die doch sehr an einen Krieg erinnert, nicht wahr? Haben Kriege jemals Probleme gelöst?

Schuldgefühle

»Ich bin schuld, dass meine Ehe gescheitert ist.« Dies ist eine besonders effektive Möglichkeit, sich schlecht zu fühlen und sich emotional herunterzuziehen. Schuldgefühle werden als besonders quälend empfunden, weil sie anscheinend keine Möglichkeit lassen, etwas zu verändern. Gefühle von Hilflosigkeit und Ohnmacht machen sich breit. Hinzu kommt dann die Erkenntnis, alles falsch gemacht zu haben, nur Fehler zu haben und somit wertlos zu sein. Eine besonders fatale Mischung, weil sie letztlich zur inneren Starre bzw. Lähmung führt, in der es unmöglich erscheint, noch etwas Sinnvolles zu tun.

Kränkungen

»Du hast mich gekränkt!« Überall treffen Sie auf Situationen, in denen Sie Anlass haben können, sich gekränkt, beleidigt oder auch verletzt zu fühlen. Die Reihe der Möglichkeiten ist lang, in denen Sie sich innerlich angegriffen fühlen durch das, was der andere sagt oder tut. Manchmal werden diese Worte wie Keulenschläge empfunden, die Sie in die Knie zwingen oder die einfach nur wehtun. Die Folge sind meist heftige Vorwürfe gegen den anderen oder auch Gegenangriffe. Der dann möglicherweise entstehende eigene Ärger belastet zusätzlich.

Sich belastet fühlen

»Du belastest mich so mit deinen Problemen!« Immer wieder werden Sie mit Konflikten und Problemen Ihrer Mitmenschen konfrontiert. Und besonders dann, wenn es nahe stehende Menschen sind, fühlen Sie sich schnell belastet und es geht Ihnen auch nicht gut. Sie leiden oft regelrecht mit. In dem Gefühl der Belastung spüren Sie, wie Ihre Energie schwindet, wie es Sie erschöpft. Gerade in Berufen, in denen sehr oft mit problembeladenen Menschen umgegangen wird, ist die Gefahr des »Ausgebranntseins« gut bekannt. Aber auch im Privatleben ist dies im Prinzip möglich. So wird der bekannte Satz »Geteiltes Leid ist halbes Leid« verändert in »Geteiltes Leid ist doppeltes Leid«. Kann dies die Lösung sein?

Sich unverstanden fühlen

»Wir verstehen uns einfach nicht!« Wie oft wird das Verstandenwerden fast als Allheilmittel für die Lösung der eigenen Probleme angesehen! Viele sind geradezu abhängig von dem Umstand, dass andere sie verstehen, haben sich also in die Abhängigkeit anderer begeben. In diesem Muster sind so viel Leid und schmerzliche Empfindungen enthalten. Die seelischen Schmerzen sind manchmal kaum zu ertragen und es scheint oft keinen Weg zu geben, damit umzugehen. Also werden Erwartungen in das Verhalten anderer gesetzt, wovon dann das eigene Befinden abhängig ist. »Wenn der andere mich doch verstehen würde, dann ginge es mir viel besser!« Da andere Sie aber nicht immer verstehen, führt diese Erwartungshaltung jedoch dazu, dass das eigene Problem bestehen bleibt.

Sorgen

»Ich mache mir ständig Sorgen!« Ständige bzw. immer wiederkehrende Sorgen legen sich oft regelrecht wie Ruß auf das eigene Wohlbefinden. Die ständigen Gedanken um das Wohlergehen eines lieben Menschen oder um das Gelingen eines Planes wirken oft lähmend auf die eigene Handlungsfähigkeit und machen es kaum möglich, zuversichtlich nach vorn zu schauen. Viele empfinden sich regelrecht als Opfer der eigenen Sorgen (obwohl sie sich ihre Sorgen selbst »gemacht« haben!) und beklagen sich dann noch bei anderen darüber, dass die Sorgen sie so belasten und sie deshalb mit dem Alltag kaum zurechtkommen.

Ängste vor der Zukunft

»Wie soll das bloß alles werden?«, fragen Sie sich sicherlich oft. Da wird die Zukunft mit dunklen Farben gemalt, vor allem in Situationen, wenn es um die eigene Existenz geht. Diese Angst ist ein Gefühl mit ganz besonderen Qualitäten. Nicht wissen, wie es weitergehen soll, wird ergänzt durch die Befürchtung, dass alles noch schlimmer werden wird. Dies ist in der Tat als Gefühlsmischung kaum auszuhalten und daher oft Anlass panikartiger Reaktionen.

Einsamkeit

»Keiner kümmert sich um mich!« Es ist ein Unterschied, ob Sie nur allein sind oder ob Sie sich einsam fühlen. Das Gefühl der Einsamkeit beherrscht viele Menschen, insbesondere die älteren. Verbunden ist dies oft mit einer Erwartungshaltung. Es erscheint alles leer, das Leben ohne rechten Sinn. Die Not ist groß, so groß, dass der Weg aus der Einsamkeit gelegentlich nur im Selbstmord gesehen wird.

Zweifel, Mutlosigkeit

»Das schaffe ich sowieso nicht!« Wenn diese Überzeugung zu der Zukunftsangst hinzukommt, wird es besonders unangenehm. Die Zuversicht, es schaffen zu können, könnte ja die Angst noch begrenzen, jedoch wirken Zweifel und Mutlosigkeit als höchst wirksamer Angstverstärker und lassen Sie noch stärker in den Strudel geraten.

Trauer, Abschied

»Du fehlst mir so sehr.« Abschied nehmen ist nicht leicht, besonders nicht, wenn z.B. ein Ehepartner nach langen Jahren harmonischer Partnerschaft stirbt. Aber auch sonst gilt es im Leben immer wieder Abschied zu nehmen, sei es vorübergehend oder für immer, sei es von Menschen oder auch von Situationen. Sie können nach einer Ehescheidung um Ihren Traum eines schönen Familienlebens trauern; Sie können nach einer Pleite um das trauern, was Sie beruflich bislang erreicht haben. Meist aber entsteht Trauer nach dem Tode eines nahe stehenden Menschen. Im Umgang mit Trauer sind Sie kaum geübt und fühlen sich sehr rasch davon regelrecht bedroht.

Dies ist nur eine kurze und sicherlich unvollständige Übersicht der emotionalen Realitäten, in denen Sie sich immer wieder in Ihrem Leben befinden mögen.

Bevor es jedoch an die Lösungen geht, sind zunächst einmal konkrete »Sofortmaßnahmen« wichtig, damit Sie wieder festeren Boden unter den Füßen spüren. Dann können Sie über den notwendigen Umweg über die Betrachtung der allgemeinen Gesetzmäßigkeiten des Lebens dahin kommen, neue Denk- und Verhaltensmuster zu erkennen. Diese sind dringend nötig, denn Sie können nicht in der gleichen Richtung, in der Sie in das Problem »hineingefahren« sind, auch dort wieder herausfahren.

Sofortmaßnahmen

Wichtige Gedankenstützen für Krisensituationen

Sie wissen nicht mehr weiter. Im günstigsten Fall fühlen Sie sich »nur« ratlos, meist aber mischen andere Gefühle mit, die Sie nun überhaupt nicht angenehm finden, von denen Sie sich sogar bedroht fühlen mögen. Ich habe sie gerade im vorangegangenen Kapitel geschildert.

Hier nun eine kleine Begebenheit, die sich tatsächlich so ereignet hat und in der etwas von dem deutlich wird, was ich Ihnen in diesem Kapitel vermitteln möchte:

Ein Patient, sagen wir Herr Wagner, geht zu seinem Hausarzt. »Nun, was gibt's Neues?«, fragt der Arzt ihn. »Herr Doktor«, platzt es aus ihm heraus, »es geht mir absolut beschissen, ich bin in eine schlimme Krise geraten, aus der ich keinen Ausweg sehe. Ich kann nicht schlafen, bin verzweifelt, die Gedanken kreisen, ich habe Kopfschmerzen, ich bin völlig erschöpft und einfach am Ende!« Der Arzt schaut ihn zunächst schweigend und abwägend an und sagt dann: »Großartig! Das finde ich echt gut!« Herr Wagner zuckt zusammen, ihm fällt regelrecht der Unterkiefer herunter: »Wie bitte??! Höre ich da richtig?! Herr Doktor, haben Sie nicht verstanden, es geht mir schlecht!! Wie können Sie so etwas sagen?« Der Arzt erwidert: »Herr Wagner, zwei Gründe. Erstens: Sie haben einen guten Kontakt zu Ihren Gefühlen. Momentan geht es Ihnen sehr schlecht, gewiss, aber: Sie spüren gerade wieder die ganze Bandbreite Ihrer Vitalität, Ihrer Lebendigkeit! Glück, Freude,

Zufriedenheit usw. sind ja nur die eine Hälfte des Lebens, die andere gehört zwingend dazu – und die spüren Sie gerade! Und zweitens: Sie sind offensichtlich in einer Krise. Jede Krise ist, wenn Sie unerschrocken und tapfer hindurchgehen, eine gute Chance, anschließend mit neuen Erkenntnissen wieder herauszukommen. Also: Sie spüren gerade die ganze Bandbreite Ihrer Vitalität und Sie haben die Chance, wieder etwas zu lernen! Na, das ist doch großartig!«

Wie geht es Ihnen mit dieser Geschichte? Sicher genauso wie Herrn Wagner. Dieser war nämlich wütend nach Haus gegangen und hatte nur noch auf den Arzt geflucht, so richtig mit schwarzen Wolken aus der Stirn steigend: Wie kommt der Doktor dazu, so etwas Unverschämtes zu sagen, dieser blöde Kerl usw. Das können Sie sicher gut verstehen, nicht wahr? Sie würden sich, wie Herr Wagner, leicht veralbert fühlen. Völlig verständlich! Nur: Bleiben Sie nicht dabei stehen, sondern tun Sie den Schritt, den Herr Wagner auch getan hat: Er hat nachgedacht über diese Provokation. Und nach drei Tagen hat er den Mund wieder zubekommen, es hat hörbar »klick« gemacht und er war begeistert! »Das Beste, was ich seit langem gehört habe!«

Ahnen Sie, warum ich Ihnen diese kleine Begebenheit erzähle? Wie verhalten Sie sich, wenn Sie ein Problem haben? Wie reagieren Sie? Oder schauen Sie sich um: Wie reagieren Ihre Mitmenschen? Da sind diese ganzen Emotionen, die ich aufgezählt habe und die Sie bestens kennen. Auch wenn dies alles vollkommen verständlich und menschlich ist, so stelle ich hier die Frage: Was bewirken Sie damit? Was können Sie damit erreichen? Eines wird Ihnen schnell deutlich werden: An der Lage ändern Sie damit nichts! An den Fakten können diese Emotionen nichts verändern, da werden Sie mir sicher zustimmen. Im Gegenteil! Die Lage bleibt so, wie sie ist, aber nun müssen Sie sich mit zusätzlichen Problemen herumschlagen: nämlich Ihrer Stimmung, die bestenfalls am Nullpunkt angekommen ist, meist aber noch weit darunter! Mit anderen Worten: Das Problem ist größer geworden – dank Ihrer tätigen Mithilfe!

Jetzt höre ich sofort protestierende Einwände: »Die Stimmung ist doch einfach da! An den Gefühlen kann ich doch nichts ändern!« Wirklich nicht? Ich sage Ihnen bereits an dieser Stelle ganz einfach: Doch, Sie können! Sie können selbst bestimmen, wie Sie sich in einer problematischen Situation fühlen, wie Sie damit umgehen. Wer soll es denn sonst bestimmen?

Sie sind nicht das Opfer der Dinge, die um Sie herum geschehen!

Das ist Ihnen immer eingeredet worden: Sie sind Opfer Ihres Schicksals, Opfer Ihrer Kindheit, Opfer Ihrer Mitmenschen, Opfer Ihrer Probleme und so weiter. Das ist immer – oft auch in unterschwelligen Botschaften – wiederholt worden, sodass Sie gar nicht auf die Idee kommen, dass es auch anders sein könnte.

Leider bekommen die wenigsten von uns beigebracht, mit Krisen und den damit verbundenen Emotionen richtig umzugehen. Was haben Sie nicht alles in der Schule gelernt! Das waren sicherlich hoch interessante Inhalte und Themen aus der Literatur, Biologie, Mathematik, Geographie und wie die Fächer alle noch heißen. Wer von Ihnen hat aber Informationen und Unterweisungen darin erhalten, wie Sie Ihr Leben erfolgreich gestalten können, wie Sie die notwendigen Konflikte lösen, wie Sie Ihrem Ziel im Leben näher kommen, wie Sie eine gute Partnerschaft aufbauen, wie Sie eine produktive Kommunikation mit Ihren Mitmenschen herstellen, wie Sie zu einer lustvollen und bereichernden Sexualität kommen? Diese Aufzählung ist gewiss nicht vollständig, macht aber deutlich, dass es völlig verständlich ist, dass Sie große Defizite im Wissen um das »Lebensmanagement« haben.

Und so sieht dann auch Ihre Wirklichkeit aus. Immer wieder wird von der »Lebensfreude« gesprochen, aber schauen

Sie sich um: Wo ist sie? Sie ist vielen von uns mehr oder weniger verloren gegangen. Was haben Sie nicht in Ihrer Jugendzeit für Träume gehabt, wie Ihr Leben aussehen könnte! Sie haben sich vorgenommen, es besser zu machen als Ihre Eltern. Aber letztlich haben Sie vielfach die gleichen Verhaltensmuster übernommen und stehen nun oft ratlos und enttäuscht, unglücklich oder verzweifelt da, wenn Sie Ihre jetzige Lage betrachten.

Die Hintergründe der jetzigen Lage bleiben Ihnen einfach rätselhaft und Sie machen im Zweifelsfall das »böse Schicksal« dafür verantwortlich. Wie schön, sagen zu können:

»Ich kann gar nichts dafür«!
Mit einem solchen Satz
haben Sie sich bereits dafür entschieden,
dass sich in Ihrem Leben nichts ändert.

Wollen Sie das wirklich? Das ist sehr wichtig: Wofür entscheiden Sie sich? Der Blick auf die Hintergründe ist nicht so schwierig, wie Sie glauben mögen, und erfordert auch keine besonderen Fähigkeiten, außer einem klaren Blick und einem wachen Verstand.

Nicht nur allein die derzeitige Lage werden Sie belastend finden, sondern als besonders schwierig und manchmal unerträglich ist es für uns, nicht zu wissen, warum die Lage so ist, wie sie ist. Das Rätselhafte, das Unerklärliche macht uns oft zu schaffen. Damit verbunden ist ein Gefühl der Hilflosigkeit, weil wir deshalb auch nicht wissen, was zu tun ist. Es macht auch Angst, denn wenn die Ursachen von Ereignissen rätselhaft bleiben, dann spüren wir etwas Unberechenbares. Dann müssen wir befürchten, dass es uns immer wieder mal treffen kann, sogar ohne Vorwarnung. Gibt es denn überhaupt einen gangbaren Weg heraus aus diesem Labyrinth der Probleme?

Sie können aufatmen, denn die Lösung ist erreichbar für jeden. Ihnen wird kein Leben zugemutet, mit dem Sie überfordert sind, das Sie nicht managen können. Gewiss, Sie haben offensichtlich Aufgaben zu erfüllen, aber so wie das Begreifen der Hintergründe Ihrer Lage keine besonderen Fähigkeiten erfordert, so ist auch das Lösen dieser Aufgaben jedem von Ihnen möglich! Es wird nur eins gefordert: den klaren Willen und die klare Entscheidung, dies zu tun!

So wichtig der Blick auf die Hintergründe der Probleme ist, noch wichtiger ist jedoch der Blick auf die jeweilige Lösung, denn:

Worauf Sie Ihre Aufmerksamkeit richten, dorthin fließt Ihre Lebenskraft.

Auch wenn oder besser: gerade weil Sie in Ihrem Leben so viele Probleme sehen, ist die innere Ausrichtung auf die Lösung, auf das Ziel besonders wichtig. Fühlen Sie sich mutlos angesichts dieser Fülle von Schwierigkeiten?

Stellen Sie sich vor: Zwei Menschen wollen von A nach B. Der eine fährt in einem bequemen Auto zügig und ohne Halt auf der Autobahn dorthin. Der andere hat kein Auto und erlebt eine etwas abenteuerliche Reise, auf der so manches passiert, das höchst unerquicklich ist. Er verirrt sich, durchquert dunkle Wälder, tiefe Täler, dann wieder weite Hügel, erlebt eine schöne Aussicht von einem hohen Berg, verhungert fast, bevor er ein Gasthaus findet und so weiter. Schließlich ist auch er in B angekommen und sitzt abends beim Bier mit dem Autofahrer zusammen auf der Terrasse. Beide blicken zurück und erzählen von ihrer Reise. Wer wohl lehnt sich genüsslich und zufrieden zurück und fühlt sich so richtig gut?

Auch Sie werden an den Punkt kommen, an dem Sie sich so richtig gut fühlen und zufrieden auf Ihr Leben schauen! Damit verbunden ist das ach so bekannte Glücklichsein, von dem die Menschen unterschiedlichste Vorstellungen haben. Das Glücklichsein, das ich meine, ist nicht der vordergründige Spaß im Leben, sondern strahlt eine mächtige Ruhe und Zufriedenheit aus. Es ist wie ein großer innerer Reichtum, wie eine große wärmende Sonne in Ihnen. Ich spreche darum lieber davon, im Leben »erfüllt« zu sein.

Aber so weit ist es noch nicht, Sie spüren diese Wärme noch nicht. Sie stehen noch »mitten drin« und wissen nicht weiter. Ja, wie geht es weiter? Ich werde Ihnen nun Möglichkeiten schildern, wie Sie Schritt für Schritt zunächst in der ganz konkreten Situation weiterkommen können. Später werden Sie dann von größeren Zusammenhängen und Möglichkeiten erfahren.

Was Sie von mir lesen werden, hat nichts mit irgendwelchen Lehren oder Theorien zu tun, die Sie erst mühsam lernen müssen. Es ist praktische Hilfe zum Leben, die entstanden ist aus meiner jahrzehntelangen Arbeit, in der immer wieder Menschen in Not vor mir gesessen haben. Ich habe erfahren, welche Wege, welche Lösungen möglich sind und was Menschen erreichen können, was ihnen weiterhilft. Dies hat zu meiner Überzeugung geführt, dass es für jeden einen Weg gibt, mit seiner Situation umzugehen, seine Aufgaben zu lösen. Ich habe vieles davon selbst erfahren, habe privat und beruflich eine Existenz verloren und wieder eine neue aufgebaut, bin durch Zeiten tiefster Dunkelheit, persönlicher Krisen, finanzieller Not gegangen. Ich kenne die ganze Palette dieser Gefühle in solchen Situationen sehr gut. Aber ich sage Ihnen ganz bewusst und voller Überzeugung: Ich fühle mich innerlich bereichert und beschenkt! An diesem inneren Reichtum möchte ich Sie teilhaben lassen. Er ist auch für Sie möglich, auch wenn Sie es zunächst schwer glauben können. Die folgenden beiden Sätze mögen etwas tröstlich klingen, aber Trost tut auch einfach mal gut:

Nur wer die Dunkelheit der Nacht kennt,
kann sich am Licht des Tages wirklich freuen!
Am dunkelsten ist die Nacht
kurz vor dem Morgen!

Nun aber beginnt es: Was ist zu tun? Da gibt es etwas, das Sie in krisenhaften Lagen, aber auch sonst im Leben unbedingt beherzigen sollten. Eine ganz einfache Regel, die Ihnen jedoch immer weiterhilft.

Überlegen Sie, wie Sie einen Fluss überqueren,
erst dann, wenn Sie am Fluss angekommen sind!

Diese Regel können Sie sich gar nicht oft genug vergegenwärtigen. Sie kennen es doch: Da wird nachgedacht, gegrübelt, es gibt schlaflose Nächte, Angst kommt hoch, dann die Panik! Da gibt es zum Beispiel Probleme, die erst in einem Monat akut werden und zu entscheiden sind, aber schon heute verbeißen Sie sich regelrecht darin.

Was passiert dabei? Zum einen verdüstern Sie unnötig die Gegenwart, die ihre eigenen Anforderungen hat. Zum anderen wird die Lage dann, wenn es so weit ist, eine andere sein, als Sie es jetzt in Ihrer Fantasie annehmen. Sie werden feststellen, dass die meisten Sorgen vollkommen unnötig bzw. unzutreffend waren.

Schauen Sie doch mal auf eine bestimmte Situation zurück: Wie viele Ihrer Erwartungen, Gedanken und Sorgen, die sich auf diese spezielle Situation bezogen haben, sind tatsächlich eingetreten? Ich behaupte mal, dass es selten mehr als zehn Prozent sind. Aber was hieße das? Dann wären ja neunzig Prozent unnötig gewesen! Genau! Wie heißt es so zutreffend: »Ich mache mir Sorgen.« Ja, ich *mache* mir die Sorgen. Ich habe eigentlich keine Sorgen, also *mache* ich mir welche. Dies scheint eine Lieblingsbeschäftigung von Menschen zu sein. Was erreichen Sie damit? Sie tun natürlich überhaupt nichts Produktives damit.

Fast alle Sorgen um etwas erweisen sich im Nachhinein als unnötig.

Stellen Sie sich einen dieser Siedlertrecks vor, die im 19. Jahrhundert mit ihren Planwagen in Nordamerika gen Westen zogen, um neues Siedlungsland zu finden. Eines Tages stehen sie auf einem Hügel und sehen bei der weiten Aussicht in der Ferne den breiten Mississippi. Ein allgemeines Wehklagen erhebt sich: Wie sollen wir denn bloß darüber kommen? War die ganze Reise umsonst? Wo sollen wir denn sonst hin? Angst, Verzweiflung, Sorgen, im besten Fall Ratlosigkeit machen sich breit. Niedergedrückt und ängstlich machen sie sich auf die letzten zwei Tage der Reise, eigentlich ohne große Hoffnung, bis sie dann am Ufer des Mississippi stehen. Nun wird ein Späher nach Norden, ein anderer nach Süden geschickt. Nach einer Stunde kommen sie zurück und melden: im Norden sei eine Furt, da könne man recht gut den Fluss überqueren. Die Reise kann also erleichtert weitergehen. Was waren das aber für zwei Tage, die zwischen dem Ausblick und dem Finden einer Furt lagen? Können Sie sich die Sorgen der Siedler vorstellen?

Wie oft haben Sie schon auf einem »Aussichtspunkt des Lebens« gestanden und haben geschaut und voller Schrecken einen breiten Fluss gesehen? Wie oft haben Sie gedacht: Oh weh, das schaffe ich nie? Wie soll das bloß werden? Es folgen schlaflose, angst- und sorgenvolle Nächte.

Stellen wir uns die zweite Version der Geschichte vor: Da stehen die Siedler auf der Höhe des Hügels und erblicken den Mississippi. »O.k.«, sagen sie, »da wird es wohl bald ein Problem geben. Nun, wir werden sehen.« Sie machen sich auf die letzten zwei Tage der Reise und sind allenfalls neugierig auf das, was sie erwartet. Schließlich stehen sie auch am Ufer des Flusses. Das Weitere kennen Sie ja.

Wer hat die angenehmere Reise gehabt? Was haben die Siedler im zweiten Fall anders gemacht? Zunächst hatten sie etwas, was auch bald in Ihnen entstehen wird: das Vertrauen darin, dass es immer einen Weg gibt, dass es immer Lösungen gibt. Auch für Sie gibt es immer Lösungen. Warum also werfen Sie die Grübeleien und Sorgen über die Zukunft nicht weg? Sie belasten vollkommen unnötig Ihre Gegenwart, berauben sich Ihrer dringend benötigten Energie und können letztlich doch nichts tun. Wollen Sie die Probleme von morgen bereits heute lösen? Machen Sie sich doch einmal klar, was Sie damit bewirken, wenn Sie sich »Sorgen machen(!)«, z.B. um einen nahestehenden Menschen. Ich meine hier die »Sorgen« im üblichen negativen Sinn. Zum einen tun Sie damit etwas, wonach es Ihnen schlechter geht, was Ihnen Energie raubt, Sie also schwächt. Zum andern tun Sie damit etwas, wodurch es dem anderen schlechter geht, er geschwächt, fast entwertet wird (»du schaffst die Lösung nicht, darum muss ich mir Sorgen machen«). Letztlich können Sie den Umstand, dass es Ihnen selbst durch die Sorgen schlechter geht, dem anderen zum Vorwurf machen (»*deinetwegen* mache ich mir solche Sorgen!«). Es wird für Sie sicherlich deutlicher werden, wenn Sie sich vorstellen, selbst einmal das Ziel von Sorgen zu sein.

Was geschieht nun, wenn Sie sich keine Sorgen machen? Es geht Ihnen weiterhin gut. Sie behalten Ihre Energie und sind nun überhaupt erst richtig in der Lage, bei Bedarf zu helfen(!). Und dem anderen? Auch ihm geht es besser, denn Sie schenken ihm Vertrauen und werten ihn auf (»du wirst es schaffen«). Damit geben Sie ihm Energie, stärken ihn und damit kann er seine Probleme besser lösen. Dies funktioniert im Prinzip auch dann, wenn das Ziel der Sorgen nicht Menschen, sondern Situationen sind.

Sich keine Sorgen (im negativen Sinn) machen, hat natürlich nichts mit Gleichgültigkeit zu tun, sondern mit einer konstruktiven und lösungsorientierten inneren Haltung. Darüber lesen Sie später mehr. Es gibt jedoch auch eine andere Bedeutung des Wortes Sorge, wie sie in Worten wie Fürsorge, Seelsorge etc. deutlich wird. Wollen Sie wirklich für jemanden gut sorgen oder eine Lösung für eine schwierige Lage finden, dann fragen Sie sich offen, ob Ihr bisheriges Sich-Sorgen-Machen eher hilfreich war oder nicht.

Lassen Sie mich hier aber auch etwas anderes einflechten, das mir ein wichtiges Anliegen ist und mir persönlich viel geholfen hat: Es gibt eine Instanz, die für uns sorgt, ob wir daran glauben oder nicht. Sie können diese Instanz Gott, Geist, Kosmos, Leben, Unterbewusstsein usw. nennen, das ist nicht so bedeutsam. Bedeutsam ist die Erkenntnis, dass uns Menschen eine große Würde verliehen worden ist, indem wir die freie Entscheidungsmöglichkeit haben. Wir können uns selbst entscheiden, ob wir unsere Probleme lösen oder warten, dass andere sie lösen. Oder wir entscheiden uns dazu, unsere Probleme zu behalten. Und wir entscheiden uns *immer*, und sei es, dass alles so bleiben soll, wie es ist. Aber egal, wie töricht wir uns manchmal im Leben anstellen, wir haben immer die Energie in uns, alle Probleme zu lösen. Ich selbst bin davon überzeugt, dass wir alle Probleme lösen können, denn sonst hätten wir diese Probleme nicht. Probleme kennt das Leben nicht. Alles funktioniert. Wenn sich die Lösung jedoch auf einer höheren Ebene befindet als die, auf der wir uns momentan befinden, wird diese Differenz von uns als Problem empfunden. Diese Differenz gilt es zu verkleinern! Wir brauchen die Energie »nur noch« wach werden zu lassen, sie spüren und in die richtige Richtung zu leiten!

Sie haben immer alles in sich, was Sie wirklich brauchen!

Betrachten Sie es wie der begnadete Künstler Michelangelo beim Anblick des noch unbehauenen Marmorblocks: »Ich erschaffe das Kunstwerk nicht, sondern es ist bereits vollständig in diesem Block enthalten. Ich muss es nur noch freilegen.«

So weit die ersten Gedanken, die Sie sich zum Beginn einer Krise klarmachen können. Nun geht es um den großen Bereich der Emotionen, um den Umgang mit all diesen Gefühlen, die Sie in Krisenzeiten oft vollständig im Griff zu haben scheinen.

Sofortmaßnahmen

Wichtige Gedankenstützen für Krisensituationen

- In Krisen spüren Sie die ganze Bandbreite Ihrer Lebendigkeit und haben die Chance, etwas zu lernen.
- Sie sind nicht das Opfer der Dinge, die um Sie herum geschehen.
- Mit dem Satz »Ich kann nichts dafür« haben Sie sich dazu entschieden, dass sich in Ihrem Leben nichts ändert.
- Sie können ein Problem durch negative Emotionen vergrößern.
- Worauf Sie Ihre Aufmerksamkeit richten, dorthin fließt Ihre Lebenskraft.
- In jedem Problem ist die Möglichkeit der Lösung enthalten.
- Jedes Problem, jede Krise ist eine gute Gelegenheit, gestärkt dort herauszugehen und neue Erkenntnisse zu erlangen.
- Probleme und Krisen sind Bestandteile des Reichtums im Leben.
- Überlegen Sie, wie Sie einen Fluss überqueren, erst dann, wenn Sie am Fluss angekommen sind.
- Fast alle Sorgen erweisen sich im Nachhinein als unnötig; sie blockieren jedoch den Weg zur konstruktiven Lösung.
- Vertrauen: Sie haben immer alles, was Sie (wirklich) brauchen.

Emotionen in der Krise

Konstruktive Wege, mit schwierigen Gefühlen umzugehen

Was ist nun zu tun, wenn die bekannten Gefühle von Angst und Panik, Wut oder Verzweiflung usw. entstehen und Sie in den Griff bekommen? Über die Entstehung solcher Gefühle und die Veränderung Ihrer inneren Muster lesen Sie später noch mehr. Jetzt geht es zunächst um ganz praktische Vorgehensweisen, die Ihnen in Ihrer momentanen Lage weiterhelfen. Kein Segler kann das Navigieren lernen, während er sich gerade im Sturm befindet.

Emotionen ignorieren

Sie können diese Emotionen ignorieren und so tun, als ob nichts wäre. Das sieht auf den ersten Blick sehr heroisch und tapfer aus. Aber wie lange halten Sie das durch? Was bewirken Sie damit? Die Emotionen sind ja zunächst da. Sie sind Realität und fühlen sich gewiss nicht gerade angenehm an. Also weg damit, hinein in die Kiste und Deckel drauf! Ist das auch Ihre Methode? Tun Sie auch oft so, als ob nichts wäre, spielen sich selbst und anderen schönes Theater vor? Warum nur? Manchmal habe ich den Eindruck, als ob unsere Gesellschaft es nicht akzeptieren kann, dass es einem mal schlecht geht. Und um weiter akzeptiert zu werden, legen viele dann ein unechtes Verhalten an den Tag. »Wie geht es dir?« Sie kennen diese Frage. Haben Sie mal die überraschte und hilflose Miene gesehen, wenn Sie ehrlich darauf geantwortet haben? Was passiert, wenn Sie sagen: »Mir geht es gar nicht gut«? Um andere nicht zu belasten, sagen Sie eben: »Danke, gut.« Diese Unehrlichkeit mag auch Auswirkungen auf die Beziehung zu anderen Menschen haben. Das ist jedoch nicht unser Thema. Wichtiger sind die Auswirkungen dieser Unehrlichkeit auf Sie selbst.

Was passiert, wenn Sie diese Emotionen »in die Kiste« tun? Ihre Emotionen sind Folgen unverarbeiteter Konflikte. Es passiert dasselbe, wie wenn Sie Unverdautes in einen Behälter füllen und einen festen Deckel draufpacken. Drinnen beginnt es zu gären und es entsteht ein Überdruck wie in einem Dampfkochtopf. Können Sie sich vorstellen, was passiert, wenn der Druck zu groß wird? Wie viele Kurzschlusshandlungen, Nervenzusammenbrüche, Krankheiten, Selbstmorde entstehen aus diesem Überdruck? Selbst wenn es nicht so schlimm wird, so werden Partnerschaften belastet, Ehen und Familien zerbrechen, Hoffnungslosigkeit, Angst, Pessimismus, Resignation entstehen, Wut und Aggressionen brechen aus. Sie können sicherlich ohne Mühe diese Aufzählung weiterführen.

Emotionen verstärken

Dies klingt nun recht abwegig und unsinnig – aber genau das tun viele Menschen! Es geschieht jedoch unbewusst. Es ist offenbar nicht genug, diese unerfreulichen Emotionen in sich zu spüren, nein, es wird noch etwas draufgepackt. Da wird gehadert, gejammert, sich(!) geärgert, sich aufgeregt und empört, dagegen gekämpft und was noch viel schlimmer ist: Viele geraten angesichts ihrer Emotionen in Angst und Panik!

Dies ist ein ganz wichtiger Punkt. Das Schlimmste sind nicht die primären Emotionen wegen des ursprünglichen Problems. Zu einem echten Problem wird es erst wegen der Reaktionen, die aufgrund dieser Emotionen entstehen! Das ist ein großer Unterschied!

Ein einfaches Beispiel macht das deutlich. Die kleinen Beispiele sind immer besonders hilfreich, weil sich in ihnen der »innere Mechanismus« zeigt. Es gilt: wie im Kleinen, so im Großen. Nehmen wir an, Sie haben ein großes Problem, das Ihnen z.B. schlaflose Nächte bereitet. Entsprechend übermüdet und zerschlagen fühlen Sie sich am Tag. Was geschieht meist? Sie ärgern sich, Sie schimpfen und fluchen über die brennenden Augen, den schweren Kopf usw. Die Laune ist auf dem Nullpunkt.

Aus vielen Bereitschaftsdiensten im Krankenhaus kenne ich solche Reaktionen sehr gut. Selbst wenn ich am folgenden Tag von wichtigen Tätigkeiten wie Operationen befreit war, habe ich mit der Situation gehadert und mich fürchterlich darüber aufgeregt. Kennen Sie das aus Ihrem Alltag? Warum aber verhalten Sie sich so? Sie sind müde und zerschlagen, aber durch den Ärger entsteht zusätzliche Unzufriedenheit. Dann erst bekommt das schlechte Befinden die echte Würze, d.h. der eigene Zustand wird noch schlimmer. Na, großartig. Der zusätzliche Ärger wirkt also wie ein »Geschmacksverstärker«. Brauchen Sie das wirklich?

Darum stelle ich die ganz banale Frage: Warum ärgern Sie sich eigentlich? Was, bitte schön, ist denn so schlimm bzw. bedrohlich daran, sich mal müde und zerschlagen zu fühlen? Oder genauer: Was konkret passiert denn, wovor Sie sich fürchten müssten, wenn Sie sich mal so schlecht fühlen? Na klar, ein Brummschädel und brennende Augen sind nicht sonderlich erfreulich. Aber sonst? Worin genau liegt das Bedrohliche? Warum machen Sie so ein Theater darum? Sie werden letztlich auch nur zu einer Antwort kommen: Da ist nichts, wovor Sie sich fürchten müssten, absolut nichts. Auch ich habe lange darüber nachgedacht, bevor ich zu der Erkenntnis kam, dass ich mit meinem Ärger über die brennenden Augen mein Befinden nur noch schlechter machte.

Vielleicht tun Sie lieber das, womit auch ich meine Bereitschaftsdienste gut überstanden habe. Ich habe mir gesagt: »Ich fühle mich jetzt schlecht, na und? Ist nun mal so.« Was ist passiert? Ich blieb gelassen, geduldig und welch Wunder: Der Ärger blieb aus! Ich bin gähnend zur Stationsschwester gegangen, habe sie nach einem besonders starken Kaffee gefragt und habe mich dann unverdrossen an die Arbeit gemacht, mit brennenden Augen eben. So war ich zwar noch müde und zerschlagen, aber zufrieden! Und so konnte ich die Stunden bis zur Mittagspause gut überstehen und habe dann die nächste Chance ergriffen, bei einem Mittagsschläfchen etwas Schlaf nachzuholen. Ich selbst war drauf und dran, wegen der Übermüdung nach den Nachtdiensten meine Nerven zu verlieren und habe mit allem gehadert, bis ich mir den Kreislauf in seiner Einfachheit klar machte. Nicht die Nachtarbeit und die anschließende Müdigkeit machten mich fertig, sondern meine emotionalen Reaktionen darauf.

Dies ist ein elementares Prinzip, das Sie kennen sollten. Es ist Bestandteil eines jahrtausendealten Wissens:

**Nicht Ereignisse oder Probleme machen Sie fertig,
sondern Ihre emotionalen Reaktionen,
die Sie deswegen gewählt haben.**

Dieser Satz ist auch in der heutigen Psychotherapie gültig. Sie fürchten sich oft nicht so sehr vor dem eigentlichen Problem, sondern Sie geraten in Panik wegen der damit verbundenen Emotionen! Die ist meist die Ursache von so genannten Nervenzusammenbrüchen, vom »Ausraster« und von Kurzschlusshandlungen.

Sie haben Angst vor den Emotionen, ja sogar Angst vor der Angst! Dies ist auch gut bekannt aus der Angsttherapie. So hat ein Mensch nicht Angst vor der Höhe oder vor engen Kabinen, sondern vor seinen körperlichen Reaktionen, die in solchen Situationen auftreten. Er spürt z.B. eine Enge im Brustkorb oder hat das Gefühl, das Herz schlägt nicht mehr richtig. Er denkt: Wahrscheinlich bekomme ich bald keine Luft mehr oder es droht ein Herzinfarkt. Diese Gedanken lassen die Angst in ihm entstehen. Diese Angst fördert u.a. die Bildung von Stresshormonen, die die Körpersymptome verstärken können. So kann sich regelrecht ein sich selbst verstärkender Kreislauf bilden, an dessen Ende die Flucht oder der Nervenzusammenbruch stehen. Die Flucht oder auch das Vermeiden solcher Situationen führt zudem zu einer »Aufwertung« des Anlasses der Angst, führt also auch zu einer Verstärkung des Problems.

Was bedeutet dies für Sie? Es ist wichtig festzuhalten, dass zwischen der auslösenden Situation, dem Problem und der Entstehung von Angst (und anderen Gefühlen) etwas steht, das wir selbst beeinflussen können: unsere eigenen Gedanken. Gefühle sind Folge von Gedanken. Verändern Sie die Gedanken, verändern Sie die Gefühle.

Momentan sind noch die unguten Emotionen vorhanden. Und die wenigsten von uns haben es gelernt, mit solchen Emotionen gelassen umzugehen und wir schreien wie kleine Kinder: »Hilfe, hilfe, ich fühle mich schlecht!« Sie können Ihre Emotionen mit Psychopharmaka oder Alkohol betäuben, sie werden Sie immer wieder einholen. Sie fühlen sich regelrecht bedroht von den Emotionen, die die Probleme mit sich bringen.

Die wichtige Frage habe ich schon formuliert: Muss das überhaupt so sein? Wovor fürchten Sie sich eigentlich, wenn es Ihnen schlecht geht? Es ist eine provokative Frage, aber sie muss gestellt werden: Was um alles in der Welt ist denn so schlimm daran, sich schlecht zu fühlen? Wovor, und dies meine ich ganz konkret, wovor fürchten Sie sich eigentlich?

Da gibt es nichts, wovor Sie sich fürchten müssten, außer davor, was passiert, wenn Sie wegen dieser Emotionen in Panik geraten! Nur dann, wenn Sie in Panik geraten, haben Sie wirklich Grund, sich zu fürchten!

Haben Sie keine Angst vor Ihren Emotionen!
Haben Sie keine Angst vor der Angst!

Damit Sie nichts missverstehen: Die Lage mag sehr unerfreulich sein, das Problem sehr unangenehm und es ist vollkommen normal, dass dies in Ihnen Gefühle wachruft, die schwer auszuhalten sind. Diese Emotionen sind nachvollziehbar und sollten auch nicht verdrängt werden. Aber Sie können lernen, diese Emotionen zu akzeptieren.

An Ihren Emotionen allein tragen Sie schwer genug, aber Angst und Panik wirken wie »Geschmacksverstärker« und Multiplikatoren, und dann, und wirklich nur dann, geraten Sie in Gefahr, unter dieser Last zusammenzubrechen.

Warum nicht einfach diese Gefühle bekämpfen? Diese Frage erscheint völlig verständlich und logisch. Und so werden in allen Situationen Gefühle bekämpft, um sich so davon zu befreien. Wie erfolgreich kann dieser Kampf sein? Ist es möglich, dass Ihr »Feind«, diese unerwünschten Gefühle, wirklich vernichtet zu Boden gebracht werden kann?

Das Problematische an dieser Methode wird deutlich, wenn Sie sich anschauen, was bei einem Kampf geschieht. Denken Sie an die Armee eines Staates. Aus welchem Anlass auch immer fängt diese nun an, die Armee eines anderen Staates zu bekämpfen. Was ist die Folge? Die Aggressivität des Gegners wird gesteigert. Der Angreifende erhöht die Wahrscheinlichkeit, selbst erschossen am Boden zu liegen. Das liegt einfach daran, dass jemand, der bekämpft wird, dadurch gleichzeitig Energie zugeführt bekommt. Diese kann der andere dann nutzen, um den Spieß umzudrehen.

Indem Sie etwas bekämpfen, ist es möglich,
dessen Einfluss auf Sie zu erhöhen.

Sie sagen damit auch, dass das andere es wert ist, bekämpft zu werden. Es bekommt damit eine größere Wertigkeit für Sie.

Vielleicht erinnern Sie sich aus dem Physikunterricht noch an das Gesetz der Energie: Energie kann nicht vernichtet werden, sondern nur in eine andere Form überführt bzw. verlagert werden. Was geschieht nun mit Ihrer eigenen Energie, wenn Sie etwas bekämpfen? Sie geben Energie ab, d.h. Sie schwächen sich selbst, und führen diese Energie dem Anlass Ihres Problems zu, d.h. Sie verstärken es. So tun Sie selbst Ihren Teil dazu, dass das Problem noch größer wird und sein Einfluss auf Sie noch weiter wächst. Wollen Sie das wirklich? Ich erinnere Sie an den wichtigen Satz:

Worauf Sie Ihre Aufmerksamkeit richten,
dorthin fließt Ihre Lebenskraft.

Was ist denn das Hadern, der Ärger, das Bekämpfen anderes, als dem Anlass größte Aufmerksamkeit zu widmen? Damit ist eben auch ein Energiefluss verbunden. So bekommt der Mechanismus des Problems zusätzliche Nahrung und weiteren Dünger. Gleichzeitig wird Ihre eigene Position geschwächt. Wie wollen Sie damit Ihre Probleme lösen? Wie viel Energie bleibt dann noch übrig, um in die Lösung investiert zu werden?

Worin haben Sie bislang Ihre Energie investiert? In das Problem oder in die Lösung? Was haben Sie damit bislang erreicht?

Solche Fragen mögen für Sie ungewohnt sein, wie vielleicht vieles in diesem Buch Ihnen ungewohnt scheint. Manches mag sogar provokant klingen. Es ist mir völlig klar, dass Sie gelegentlich das Gelesene als Zumutung empfinden mögen. Bedenken Sie dabei aber Folgendes:

Sie können nicht mit den gleichen Denk- und Verhaltensmustern, die Sie in problematische Situationen gebracht haben, auch dort wieder herauskommen oder diese künftig vermeiden!

Im Grunde wissen Sie das auch, sonst hätten Sie nicht dieses Buch gekauft.

Emotionen akzeptieren, Realität akzeptieren

Um aus schwierigen Situationen unbeschadet und um wichtige Erfahrungen reicher hervorzugehen, bleibt Ihnen daher keine andere Wahl: Sie sollten Ihren inneren Zustand akzeptieren!

Es gibt dazu keine Alternative. Ihr innerer Zustand ist nachvollziehbar und verständlich. Gestehen Sie sich in der akuten Krise solche Emotionen zu! Und wenn Ihnen danach zumute ist, dann lassen Sie z.B. Ihren Tränen freien Lauf, das entlastet!

Sie brauchen sich vor Ihren Emotionen in der Krise nicht zu fürchten!

Atmen Sie tief durch und sagen Sie sich: »O.k., ich fühle mich schlecht, na und?« Natürlich weiß ich, wie verwegen das klingt! Sie mögen empört reagieren. Lassen Sie sich versichern, dass ich diese Emotionen sehr gut kenne und sie sehr ernst nehme. Sie sind wirklich in höchstem Maße unerfreulich, belastend, leidvoll und drohen immer wieder, Sie in die Knie zu zwingen. Aber was können Sie zunächst anderes Sinnvolles tun, als all dies in Ihrem Inneren zu akzeptieren?

Am Beispiel von Krebskranken möchte ich deutlich machen, was ich meine. Krebskranke kennen das Gefühl von Angst sehr gut, Angst vor Fortschreiten der Krankheit, Angst vor vorzeitigem Tod und so weiter. Das wird jeder gut verstehen können. Aber viele dieser Menschen haben gelernt, dennoch damit gelassen umzugehen. Sie haben gelernt, die Angst zu akzeptieren und nicht mehr Angst vor der Angst zu haben. Und sie haben erfahren: Diese Angst tut ihnen nichts. Sie begleitet sie zwar jeden Tag, aber sie fürchten sich nicht mehr davor und sind somit frei dafür, die anderen Dinge des Lebens wahrzunehmen! Ganz wichtig ist hier zu erkennen, dass erst durch diese Gelassenheit der Raum geschaffen wird, damit neue Energie in das Leben strömt, die ja dringend benötigt wird. Und es sind auch schon so genannte »Wunder« geschehen und Menschen haben durch diese neue Energie ihren Krebs endgültig besiegt, eben weil sie die Angst zugelassen und sich nicht aufgegeben haben. Und auch den unglaublichen Satz gebe ich Ihnen weiter, den ich von manchen Krebskranken selbst gehört habe: »Seit ich Krebs hatte und die Angst mich täglich begleitet, spüre ich das Leben ganz anders und spüre die schönen Dinge des Lebens viel intensiver und lerne jeden Tag, was Leben im eigentlichen Sinn bedeutet! Ich habe also dieser Krankheit viel Positives zu verdanken.«

Dies sind erstaunliche Aussagen, nicht wahr? Aber auch Sie können dorthin gelangen, wenn Sie sich klar machen, was lebendiges Leben bedeutet. Glück, Freude usw. sind nur die eine Hälfte des Lebens! Die anderen Emotionen, die Sie als negativ empfinden, gehören zwingend dazu! Leben ist ein Schwingen, ein Rhythmus zwischen den Polen, zwischen Nacht und Tag, zwischen Trauer und Glück, zwischen Geburt und Tod. Da gibt es nichts, wovor Sie sich zu fürchten brauchen. (Mehr dazu im Kapitel *Polarität des Lebens.*)

Also, Sie können Ihre Gefühle akzeptieren und sie als Ausdruck der gesamten Bandbreite Ihrer Vitalität betrachten. Was krebskranken Patienten möglich ist, wird auch Ihnen möglich sein! Ohne Furcht vor den so genannten negativen Emotionen erlangen Sie die Gelassenheit, die Sie so dringend brauchen. Ohne Gelassenheit können Sie schnell in einen Strudel geraten, der Sie noch tiefer bringt. Stellen Sie sich vor, ein Gast will zu

Ihnen, aber Sie wollen ihn nicht in Ihr Haus lassen. Was kann dieser Gast tun, wenn Sie ihm nicht die Haustür öffnen? Es gibt sicherlich verschiedene Möglichkeiten: Er kann Sturm klingeln, gegen die Tür treten, ständig um Ihr Haus herumschleichen, über das Fenster einsteigen oder auch nur vor dem Haus stehen und warten. Was empfinden Sie wohl in solch einem Fall? Ich denke, den meisten wäre eine solche Situation sehr unangenehm, sie würden sich von solch einem Gast geradezu bedroht fühlen und meinen, er wolle ihnen schaden. Erst wenn Sie ihm die Tür öffnen und ihm eine gewisse Zeit geben, dann werden Sie ihn kennen lernen und begreifen, dass Sie sich vor ihm nicht zu fürchten brauchen, sondern dass er nur gelegentlich Ihre Aufmerksamkeit möchte. So kann es sein, dass er Sie öfter mal besucht, Sie sich in Ihrem Haus aber wieder wohl fühlen. Nur in der Integration der negativ empfundenen Gefühle kann die Lösung liegen.

Es wird von Ihnen ja nicht erwartet, dass Sie diese Gefühle als etwas Angenehmes empfinden, gewiss nicht. Doch in dieser dann eintretenden Gelassenheit werden Sie merken, wie das Gefühl der Angst schwindet und der Neugier Platz macht. Sie stehen gewissermaßen etwas neben sich und betrachten Ihr Inneres mit interessierter Neugier.

Drei einfache Sätze können Ihnen auf dem Weg in die Gelassenheit helfen. Wenn es Ihnen gelingt, diese ebenso simple wie elementare Regel zu verinnerlichen und zu leben, dann wird Ihr Leben nicht mehr so sein wie vorher.

Es ist, wie es ist. Ich akzeptiere, wie es ist.
Ich gehe den nächsten Schritt.

Machen Sie sich klar, dass die Lage so ist, wie sie ist, und dass Sie nichts nachträglich verändern können. Das heißt aber auch, dass Sie unbedingt die Vergangenheit, also die entsprechende

Vorgeschichte, loslassen müssen. Das Wort »akzeptieren« soll hier nicht heißen, dass Sie Ihre Lage angenehm finden, sondern nur, dass Sie nicht mit ihr hadern oder sich darüber aufregen. Denn damit blockieren Sie Ihre positive Energie, die Sie zur Lösung dringend brauchen, und ändern dennoch nichts an der Lage. Auch wenn die Lage nicht besonders erfreulich ist: Durch das Akzeptieren finden Sie wieder Kontakt zu Ihrer Energie, die ja in Ihnen vorhanden ist. Und diese nutzen Sie dazu, die ersten Schritte in die neue Richtung zu tun. Später im Buch werden Sie die faszinierenden Möglichkeiten zur Lösung der Probleme und der Gestaltung der Zukunft kennen lernen. Erst die Gegenwart akzeptieren, dann die Zukunft verändern.

Ich sehe einen Patienten vor mir, der mit seinen Problemen in seinem Leben nicht zurechtkam. Er war Meister darin, mit seinem »Schicksal«, seiner Situation und mit anderen Menschen zu hadern und blockierte sich damit selbst. Immer wieder stand das Akzeptieren der Realität, der gegebenen Umstände, der Probleme im Vordergrund unserer Gespräche. Ein halbes Jahr später schrieb er mir, dass er mich oft hätte »erwürgen« mögen wegen meiner »Ekel erregenden Schicksalsergebenheit«. Immer wieder schnappte er regelrecht nach Luft, als ich ihm in schlichter Klarheit die Inhalte der letzten und der folgenden Seiten aufzeigte. Er hatte sie als Provokation empfunden – aber dennoch darüber nachgedacht. Er hatte sich etwas bewahrt, das sehr wichtig ist: Er war noch neugierig auf Lösungsmöglichkeiten. Das war der Motor der Veränderungen in seinem Leben, wie er später bestätigte. Er schrieb: »Ich komme nun dahinter, wie man dies lebt. Und es lebt sich nicht schlecht damit. Ich übe mich in der von Ihnen verordneten Gelassenheit und bin zufrieden! Und das war ich schon seit vielen Jahren nicht mehr!«

Mir geht es hier um einen ganz zentralen Punkt, nämlich um die angebliche Schicksalsergebenheit, die natürlich keine ist.

Ich behaupte: Eines der Hauptprobleme der Menschen in ihrem Leben resultiert aus ihrem Kampf und ihrem Widerstand gegen die Umstände, so wie sie eingetreten sind. Schauen Sie sich um: Überall wird sich geärgert, wird gehadert, wird Widerstand geleistet. Das fängt oft schon bei der roten Ampel an. Kennen Sie die Reaktionen? Wenn Sie schon bei einer roten Ampel einen »Aufstand« machen, was machen Sie denn bei den wirklichen Problemen des Lebens? Die Ampel bleibt so lange rot, wie es vorgesehen ist, egal, ob Sie einen Wutanfall bekommen oder nicht. Und dennoch beschließen Sie, ihn zu bekommen, die Wartezeit mit Ärger und Schimpfen zu würzen, so als ob es Ihnen dann besser gehen würde und Sie schneller wieder weiterfahren könnten.

Ich erinnere mich an Situationen in meiner Jugendzeit, als mir diese Zusammenhänge bereits dämmerten. Um in der Stadt zu einem wichtigen Termin zu kommen, musste ich die Straßenbahn nehmen, plante aber immer zeitlich zu knapp. Ich saß dann sehr nervös in der Straßenbahn, unruhig und ständig nach vorne schauend, wann nun endlich wieder freie Fahrt sei. Die Fahrten waren daher wegen der Nervosität immer sehr unerfreulich. Abgesehen davon, dass ich mir vornahm, das nächste Mal eine frühere Straßenbahn zu nehmen, habe ich mir überlegt, warum ich eigentlich so nervös war und ob ich es dadurch erreichen konnte, dass die Straßenbahn schneller fuhr. Dies war natürlich nicht möglich. Also habe ich mich entschlossen, auch dann, wenn ich es eilig hatte, gemütlich in der Straßenbahn zu sitzen und aus dem Fenster zu sehen. So hatte ich es nach wie vor eilig, fühlte mich aber ruhig und dadurch besser, was ich ja gerade wegen des Zeitdruckes so gut brauchen konnte. Ich konnte z.B. in Ruhe überlegen, wie ich trotz Zeitmangel mein Programm realisieren konnte. Mit einer hektischen Nervosität war mir dies nicht möglich. Ich denke, das lässt sich auf viele Lebenssituationen übertragen. Wie im Kleinen, so im Großen.

Können Sie die Realität ändern? Nein. Können Sie Ihre momentane missliche Lage nachträglich ändern? Nein. Aber Sie wollen heraus aus der misslichen Lage? Ja! Wollen Sie der momentanen misslichen Lage »Dünger« geben, sie verstärken? Natürlich nicht. Aber genau das tun Sie mit Ihrem Ärger, Ihrem Hadern, Ihren Sorgen oder auch Schuldgefühlen. Kommen Sie damit schneller aus dieser Lage heraus? Wohl kaum.

Investieren Sie Ihre Energie nicht mehr in das Problem, sondern in die Lösung!

Dies können Sie nur, indem Sie die momentane Realität akzeptieren und nicht dagegen kämpfen. Sie sehen also: Die angebliche Schicksalsergebenheit ist eine unabdingbare Voraussetzung, um aus der problematischen Lage herauszufinden und zur Lösung zu kommen!

Sie können etwas nur verändern, indem Sie es zunächst akzeptieren.

Denken Sie an ein Tier, das viele bewundern und dem wunderbare Eigenschaften zugesprochen werden: an den Delphin. Der Delphin bewegt sich mühelos, fast spielerisch im Meer, unabhängig davon, wie groß die Wellen sind, wie rau das Meer ist. Er kämpft nicht gegen den Wind und die Wellen des Meeres. Er akzeptiert sie, passt sich ihnen an und kommt damit mühelos weiter. Warum nehmen Sie sich nicht den Delphin zum Vorbild? Wie gehen Sie selbst mit dem Wind und den Wellen des Lebens um? Sie wollen heraus aus Ihren Problemen, Sie wollen sich im Wind und den Wellen des Lebens fortbewegen können. Sie spüren nun auch, dass dies geht. Ist das nicht der Keim eines wunderbaren Gefühls?

Emotionen in der Krise

Konstruktive Wege, mit schwierigen Gefühlen umzugehen

- Ignorieren von Emotionen führt zur Erhöhung des inneren Druckes und zu Kurzschlussreaktionen.
- Sich ärgern über Probleme und negative Emotionen führt zur Verstärkung dieser Probleme und Emotionen.
- Nicht Ereignisse oder Probleme machen Sie fertig, sondern Ihre Gedanken und emotionalen Reaktionen, zu denen Sie sich – wenn auch oft unbewusst – selbst entschieden haben.
- Es gibt keinen Grund, sich vor negativen Emotionen zu fürchten und sie zu bekämpfen. Wenn Sie etwas bekämpfen, ist es möglich, dessen Einfluss auf Sie zu erhöhen.
- Sie können nicht mit dem gleichen Denk- und Verhaltensmuster, mit dem Sie in die Krise geraten sind, aus dieser wieder herausfinden.
- Das Hadern mit der Realität führt zur Blockierung der Energie, die zur Lösung notwendig wäre.
- Investieren Sie Ihre Energie nicht in das Problem, sondern in die Lösung.
- »Es ist, wie es ist. Ich akzeptiere, wie es ist. Ich gehe den nächsten Schritt.«
- Das Annehmen der Realität führt nicht zur Passivität und zum leidvollen Erdulden, sondern zur Aktivität und zum konstruktiven Gestalten der eigenen Situation.

Energie

Was wir bei anderen suchen und doch schon in uns tragen

Ich hatte es schon am Anfang kurz erwähnt. Es ist die zunächst banale Feststellung: Sie haben zu wenig Energie! Genauer sollte ich aber sagen: Sie denken, Sie haben zu wenig Energie. Das ist schon ein großer Unterschied.

Diese Feststellung allein führt Sie sicher nicht sehr viel weiter. Im Gegenteil, vielleicht lässt sie Sie zunächst noch weiter resignieren. Was sollen Sie denn noch tun? Sie fühlen sich schwach, müde, erschöpft, stehen vor einem großen Berg von Problemen, wissen nicht mehr weiter, sind deprimiert, frustriert, ängstlich, verzweifelt und so weiter. Und nun lesen Sie: Sie haben zu wenig Energie! Fragen Sie sich da mit Recht: Wie soll das weiterhelfen? Ich kann Sie gut verstehen.

Um es vorweg zu nehmen: Natürlich gibt es einen Weg, der Ihnen weiterhilft!

Natürlich beinhaltet Energie zunächst einmal die rein »körperliche Energie«. So verstehen Sie es wohl in erster Linie. Es drückt das aus, was Sie in Bewegung hält, was greifbare Arbeit leistet. Man kann sie sogar mit physikalischen Messgeräten messen. Den Mangel solcher Energie spüren Sie sehr deutlich, wenn Sie sich körperlich völlig erschöpft fühlen.

Darüber hinaus gibt es auch eine Energie, die Sie am Leben hält, die Ihren Körper funktionieren lässt, also die »Lebensenergie«. Sie ist nach wie vor ein Geheimnis und mit unseren Sinnen und Messgeräten nicht erfassbar. Dennoch ist sie zweifelsfrei vorhanden. Dies wird besonders dann deutlich, wenn Sie einen Menschen vor sich haben, der gerade verstorben ist. Materiell ist er derselbe wie noch zu Lebzeiten, es fehlt ihm aber offensichtlich etwas Entscheidendes: die Lebensenergie.

Damit verwandt scheint die »seelische Energie« zu sein. Auch sie lässt sich nicht objektiv erfassen, ist aber dennoch vorhanden. Denken Sie zum Beispiel an die Kraft einer Liebe, der sich der, der geliebt wird, nicht entziehen kann. Dies wird als sehr »warme« Energie empfunden. Sie kennen natürlich auch die Energie, die Sie innerlich regelrecht wärmt, wenn jemand Ihnen deutlich macht, dass er Sie versteht. Besonders den Mangel solcher Energie spüren Sie deutlich. Es gibt aber auch diese Energie in ihrer »kalten« Form. Sie spüren dies, wenn Sie einem Menschen gegenüberstehen, der Ihnen ausgesprochen unsympathisch ist. Oder denken Sie daran, dass ein Mensch einen Raum betritt, in dem mehrere Menschen harmonisch miteinander zusammen sind und plötzlich allen »kalt« wird. In der ausgeprägtesten Form zeigt sich die seelische Energie in Form der Telepathie, von der immer wieder in verblüffender Weise berichtet wird. Da ist ein Kind in Not und die Mutter, hunderte Kilometer entfernt, hört nachts die Hilferufe und wacht auf.

Auch die »geistige Energie« gehört hierher. Sie ist eng verknüpft mit der »Energie der Gedanken«, der Macht der Gedanken. Denken Sie an die vielen Ergebnisse der geistigen Arbeit in der Geschichte der Menschheit. Diese Energie kann die Welt nachhaltig verändern, wie zum Beispiel die Gedanken-Energie eines Martin Luther oder eines anderen bekannten Menschen.

Selbst die »harte« Materie besteht eigentlich nur aus Energie. Erinnern Sie sich an Ihren Physikunterricht, als Sie den Aufbau der Atome lernten? Um einen Atomkern kreisen in weitem Abstand Elektronen, dazwischen ist nichts, buchstäblich »nichts« (noch nicht einmal Luft, die ja auch wieder aus Atomen besteht!). Stellen Sie sich eine Erbse vor, um die im Abstand von zwanzig bis dreißig Zentimetern ein paar Sandkörner kreisen, allerdings in aberwitziger Geschwindigkeit. So besteht also ein Atom, unabhängig davon, in welchem Element Sie es finden, zu über neunundneunzig Prozent aus »Nichts«, auch zum Beispiel ein Eisen-Atom. Dennoch empfinden Sie das Eisen als durchaus hartes und belastbares Material. Die Festigkeit resultiert aus den kreisenden und schwingenden Elektronen, die selbst fast keine Masse haben. Hier finden Sie Energie in der reinsten Form. Diese Energie lässt das Element »Eisen« so real hart erscheinen, wie es ist. Mit anderen Worten: Unsere gesamte Welt besteht aus Energie und Schwingungen. Aus diesem Grund ist es gerechtfertigt, die Dinge und Geschehnisse in unserem Leben unter dem Aspekt der Energie zu betrachten.

Ein Problem gibt es dabei jedoch. Können wir all die verschiedenen Formen der Energie wahrnehmen? Sicherlich nicht. Denken Sie an das Licht, das wir jeden Tag von der Sonne erhalten. Wir können die Intensität und die Frequenz des Lichtes messen und so weiter. Es gibt aber auch Bereiche des Lichtes, die ebenso real existieren, die wir aber bereits nicht mehr wahrnehmen, mit unseren Instrumenten jedoch messen können. Es sind dies das ultraviolette Licht und das Infrarotlicht. Da wir Menschen aber auch diese Instrumente mithilfe unserer eigenen Wahrnehmungsfähigkeiten gebaut haben, ist doch folgende Frage verständlich: Gibt es möglicherweise noch andere Frequenzbereiche des Lichtes, die wir nicht wahrnehmen und auch nicht messen können, die aber dennoch vorhanden sind?

Gibt es überhaupt im Leben Zusammenhänge, Geschehnisse und Phänomene, die wir nicht wahrnehmen und messen können, aber dennoch vorhanden sind? Ich kann diese Frage nicht allgemein verbindlich beantworten, bin aber persönlich davon überzeugt, dass dies möglich ist. Jeder von Ihnen wird hier seine eigenen Gedanken, Überlegungen und Überzeugungen haben.

Sie ahnen also, welchen Stellenwert die Energie in unserer Welt, in unserem Leben hat. Darum werde ich Sie jetzt mit einer Erkenntnis konfrontieren, von der ich persönlich überzeugt bin. Ausführlich ist sie in dem Buch von James Redfield: *Die Prophezeiungen von Celestine* beschrieben. Diese Erkenntnis formuliert die Ursache aller menschlichen Probleme. Das mag übertrieben klingen, aber urteilen Sie selbst:

Die Ursache aller menschlichen Probleme liegt im Konkurrenzkampf um zu knappe Energie.

Lassen Sie diesen Satz immer wieder auf sich wirken. Was drückt er aus? Fühlen Sie sich nicht in irgendeiner Form bedürftig? Spüren Sie den Mangel im Inneren? Dieser Mangel hat sicherlich verschiedene Namen: Mangel an Liebe, oder zumindest an Zuwendung, Mangel an Verständnis und Wärme, Mangel an Lebensfreude und Spaß, Mangel an innerer Befriedigung. Fühlen Sie sich nicht manchmal wie ein verlassener, frierender Gast in einem fremden Land?

Was kann nun geschehen, wenn Sie einen Mangel spüren? Was können Sie tun? Ja, Sie wollen es vom anderen haben! (Drängt sich da nicht schon das Bild einer Erwartungshaltung auf?) Sie sind der festen Überzeugung: Der andere hat das, was Sie nicht haben! Was macht Sie da eigentlich so sicher?

Wie können Sie es sich holen? Was können Sie tun? Sie können es sich durch energisches »Wegnehmen« unter Benutzung Ihrer Ellbogen besorgen oder Sie können schmollend, depressiv bzw. resigniert in der Ecke sitzen und sich selbst bedauern. Dazwischen ist viel Platz für alle möglichen Variationen.

Nun hat dieses Vorhaben, von anderen das einzufordern, was Sie brauchen, einen ganz fatalen Aspekt, der eigentlich immer übersehen wird: Die anderen haben auch zu wenig! Die anderen fühlen sich also auch bedürftig! Und sie tun genau dasselbe wie Sie und wollen es von anderen haben, eben auch von Ihnen (der Sie ja selbst bedürftig sind)! Sehen Sie den Konflikt?

Natürlich betrifft der eigene innere Mangel nicht den gesamten Bereich Ihrer Persönlichkeit. Es gibt Bereiche in Ihnen, die bedürftig sind, andere wiederum nicht. Das Verteilungsmuster ist nun bei jedem Menschen unterschiedlich. Da Sie nur Ihr eigenes »Bedürftigkeitsmuster« kennen (und die anderen ein anderes Muster haben), mag es auf den ersten Blick tatsächlich erscheinen, die anderen Menschen hätten das, was Sie so sehr brauchen. Irrtümer und Täuschung sind hier natürlich sehr leicht möglich. Es ist wichtig zu wissen, dass jeder Mensch seine eigene Bedürftigkeit in sich trägt, ob er diese nun offen zeigt, mit anderen Verhaltensweisen überspielt oder nicht.

Es ist ein wahrer Konkurrenzkampf entstanden, ein Kampf um zu knappe innere bzw. seelische Energie. Unter diesem Blickwinkel können Sie die meisten Konflikte zwischen Menschen erklären. Manchmal kommt es mir vor, als ob sich zwei Ertrinkende aneinander festhalten, um nicht unterzugehen, die sich gegenseitig in die Tiefe ziehen. Kommt Ihnen dies nicht bekannt vor? Es ist ein spannendes und höchst interessantes Unterfangen, all die Konflikte, mit denen Sie zu tun haben oder die Sie als Beobachter mitbekommen, unter diesem Gesichtspunkt zu betrachten.

Zu Beginn habe ich gesagt, dass Ihnen die Feststellung einer zu knappen Energie in uns zunächst nicht sonderlich hilfreich erscheint. Ich denke, in Ihnen wird so allmählich die Frage aufkeimen: Was ist zu tun? Wo ist der Ausweg? Wie kann der Konkurrenzkampf beendet werden? Wo erhalten Sie Energie?

Schauen Sie sich um in der Welt, aber auch im Kosmos (soweit möglich). Schauen Sie sich alles aufmerksam an. Haben Sie das Gefühl, dass überall zu wenig Energie vorhanden ist?

Meine persönliche Antwort lautet schlicht: Es ist Energie im Überfluss vorhanden! Sonst würde die Welt aufhören zu existieren.

Das physikalische Gesetz über Energie heißt: Energie kann nicht produziert oder vernichtet werden. Energie kann jedoch von der einen in die andere Form übergeführt werden, sie kann auch transportiert und verlagert werden. Und dies gilt für alle Formen der Energie, somit auch für die geistige und seelische Energie. Aus diesen Gedanken folgt eine ganz wichtige Erkenntnis:

Viele Menschen suchen die Energie, die sie brauchen, an der verkehrten Stelle!

Dort, wo Sie das suchen, womit Sie Ihre eigene Bedürftigkeit ausgleichen wollen, ist es meist nicht zu finden. Blicken Sie zurück in aller Ruhe und Ausführlichkeit, wo Sie in Ihrem bisherigen Leben das gesucht haben, was Sie so sehr brauchten, und von wem Sie es haben wollten. Haben Sie mehr gesucht oder gefunden? Wie haben Sie sich bei der Suche gefühlt? Wie oft wurden Sie dadurch abhängig von anderen? Wie erfolgreich war die Suche? Wie haben die anderen reagiert, als Sie bei ihnen gesucht haben? Sie können diese Fragen beliebig erweitern. Wichtig ist dabei der klare Blick auf Ihr eigenes Vorgehen in Ihrem bisherigen Leben. Haben Sie bei anderen die Energie gefunden, die Sie so sehr brauchen?

Aber, werden Sie nun einwenden, ich habe doch schon so viel bei anderen gefunden! Was ich von anderen bekommen habe, hat mir doch so gut getan! Hätte ich das nicht annehmen sollen? Also ist es doch ganz in Ordnung, wenn ich bei anderen all das suche, was mir fehlt!

Um es ganz klar zu sagen: Liebe, Verständnis, Zuwendung, Achtung, Fürsorge, Hilfe und so weiter sind wunderbare Erfahrungen, die Sie von anderen erhalten können, ohne Frage. Und es ist auch völlig legitim, sich darüber von Herzen zu freuen. Sie sagen zu Recht: Ich brauche das. Es sind oft die wunderbarsten Erlebnisse und Gefühle damit verbunden. Warum also sollen Sie es nicht von anderen nehmen und sich von Herzen darüber freuen?

Ja, natürlich sollen Sie sich von Herzen darüber freuen. Nun kommt aber der *entscheidende* Punkt: Was ist, wenn es mal von den anderen *nicht* kommt? Was ist, wenn Sie leer ausgehen? Was ist, wenn Sie sich einmal nicht verstanden und geliebt fühlen, wenn Sie keine Fürsorglichkeit erfahren? Was dann?

Genau an diesem Punkt entscheidet es sich, wie es Ihnen geht. Für Sie ist es von elementarer Wichtigkeit, folgende Frage zu beantworten und damit auch eine Entscheidung zu treffen:

Ist die Zuwendung anderer für Sie ein Geschenk oder eine Notwendigkeit?

Die Frage gilt es ganz offen und ehrlich für sich selbst zu beantworten! Ist es ein Geschenk, dann ist ja nichts passiert, wenn es denn mal nicht kommt, nicht wahr? Wenn keine Schlagsahne da ist, essen Sie den Kuchen eben so. Aber wenn es eine (Lebens-) Notwendigkeit ist, dann haben Sie, vorsichtig formuliert, ein Problem, wenn es ausbleibt. Ist es für Sie so notwendig wie das tägliche Brot? Die Zuwendung anderer wird dann von Ihnen empfunden wie ein Ast, auf dem Sie sitzen. Und wenn kein Ast mehr da ist? Dann fallen Sie herunter. Sie fallen emotional tief herunter. Und das ist nun wahrhaft nicht angenehm. Finden Sie sich nicht auch sehr oft so, als seien Sie emotional tief gestürzt? Sind Sie abhängig von der Zuwendung anderer? Ist die Zuwendung anderer der Ast, auf dem Sie im Leben sitzen?

Wenn nun der Ast, auf dem Sie bis jetzt sitzen, eine recht ungewisse Angelegenheit ist, bei der Sie nie so recht wissen, wie lange er hält, und auch Angst spüren davor herunterzufallen, auf welchem Ast sollen Sie denn sonst sitzen? Wo ist denn die Energie zu suchen, die Sie brauchen? Wo ist die Sonne, die Sie wärmt?

Die Sonne, die Sie wärmt, ist in Ihnen selbst!

Ja, die Energie, die Sie so sehr brauchen, ist bereits in Ihnen. Warum aber spüren Sie davon so wenig? Warum haben Sie trotzdem das Gefühl großer Bedürftigkeit?

Die Anwort liegt in den inneren Blockaden in uns, dem »inneren Kind«, und in den inneren Widerständen, die das Fließen und Wirken der Energie verhindern.

Energie

Was wir bei anderen suchen und doch schon in uns tragen

- Es gibt körperliche, geistige und seelische Energie. Alles in der Welt besteht aus Energie.
- Es gibt Energie, die wir messen können, und Energie, die wir nicht messen können, die aber dennoch Wirkung zeigt.
- Sie denken, Sie haben zu wenig, um sich in Ihrem Leben wohl zu fühlen. Sie denken, Sie haben zu wenig Energie.
- Es besteht häufig die Annahme, der andere könnte Ihnen das geben, was Ihnen fehlt. Was macht Sie so sicher?
- Zwischenmenschliche Probleme resultieren aus einem Konkurrenzkampf um vermeintlich zu knappe Energie.
- Es gibt genügend Energie im Leben.
- Dort, wo Sie bisher oft die Energie gesucht haben, ist sie meist zu finden.
- Haben Sie bislang gute Erfahrungen damit gemacht, die fehlende Energie bei anderen zu suchen?
- Ist für Sie die Zuwendung der anderen Menschen (also Energie) ein Geschenk oder eine Lebensnotwendigkeit?
- Die Sonne, die Sie wärmt, ist nicht bei den anderen, sondern in Ihnen selbst.
- Innere Blockaden können verhindern, dass diese Sonne spürbar wird.

Das innere Kind

Ohne Erwartungshaltung lebt es sich nicht leichter, aber besser

An dieser Stelle der Betrachtungen, wie Sie die Ursache Ihrer Probleme besser verstehen können, ist ein kurzer »Ausflug« in die ersten Jahre Ihres Lebens notwendig. Das ist deshalb so wichtig, weil das Verständnis dieser Zusammenhänge Ihnen bereits die ersten Lösungsmöglichkeiten aufzeigt.

Aber mehr noch: Sie werden klare und überzeugende Konzepte, Möglichkeiten und Perspektiven für den guten Weg finden, den Sie beschreiten können, heraus aus dem derzeitigen Irrgarten. Mit dieser Vorfreude im Inneren sollten Sie sich jetzt auf eine kurze Reise in Ihre Vergangenheit begeben.

Die Überschrift des Kapitels *Das innere Kind* deutet schon an, dass es etwas mit einem Kind zu tun hat, das sich gewissermaßen in Ihrem Inneren befindet. Dieses Kind sind Sie selbst (als Kind sehe ich Sie in den ersten vierzehn Jahren Ihres Lebens) und dieses Kind lebt noch in Ihnen, so wie es in jedem von uns lebt. Es beeinflusst Ihre Gefühle, Ihre Impulse, Ihr Handeln, ohne dass Sie dies bewusst so spüren. Es ist nicht das Unterbewusstsein, von dem ich jetzt rede, davon lesen Sie später mehr. Es ist Ihr »inneres Videoband«, auf dem alle Gefühle und Empfindungen dieser ersten Jahre aufgezeichnet sind.

Schauen Sie sich doch mal Ihre ersten Jahre an! Stellen Sie sich z.B. ganz konkret vor, Sie stehen als sechsjähriges Kind da. Schauen Sie sich dieses Kind genau an. Wie sieht es aus? Wie ist der Gesichtsausdruck? Welchen Blick hat dieses Kind? Wie fühlt es sich? Wie geht es ihm? Stellen Sie sich selbst alle möglichen Fragen über dieses Kind. Manchmal hilft auch ein Foto aus dieser Zeit.

Diese Reise in die eigene Vergangenheit mag für Sie sehr ungewohnt sein, möglicherweise wehren Sie sich auch dagegen. Oder fürchten Sie sich vor diesem Blick zurück? Fürchten Sie sich vor dem, was Sie dann sehen? Oder fürchten Sie sich vor den Gefühlen, die allmählich oder plötzlich wieder wach werden? Aber ich mute Ihnen diese Furcht zu und ermuntere Sie, dennoch zurückzuschauen und die dabei auftretenden Emotionen zunächst einfach nur wahrzunehmen und anzunehmen. Sie werden diese Gefühle schon aushalten können!

Sehen Sie ein Kind, das traurig dreinschaut, das sich allein fühlt und sich so sehr danach sehnt, dass es jemand einfach nur lieb hat? Ja, wie war es mit der Liebe, mit der Geborgenheit, dieser wunderbaren Wärme, die Sie als Kind so sehr gebraucht haben? Waren Mutter und Vater zu sehr mit anderen Dingen beschäftigt? Hatten Ihre Eltern so viele Probleme, mit denen sie nicht zurechtkamen, und haben sie darum Sie selbst oft nicht beachtet, geschweige denn geliebt? Was waren das für Jahre, die Sie als Kind verbracht haben?

Haben Sie als Kind die Überzeugung gewinnen können: »Ich bin o.k.!«? Ist Ihnen immer wieder bestätigt worden, was für ein wunderbarer Mensch Sie waren? Haben Sie sich so, wie Sie waren, angenommen und verstanden gefühlt? Hat sich bei Ihnen die innere Haltung bilden können: »Ja, ich bin ein gutes Kind, ich bin ein wertvoller Mensch!«? Es gibt sehr viele Themen in diesem Zusammenhang zu beleuchten. Ich kann Sie nur ermuntern, sich selbst Ihre eigenen, persönlichen Fragen zu stellen.

Sie sollten aber wissen, was diese fragende Betrachtung der Vergangenheit bewirken kann. Es ist durchaus möglich (und erwünscht!), dass so manche der Gefühle, die Sie als Kind hatten, nun wieder belebt werden. Sie mögen eine zunehmende Traurigkeit spüren, ja, es werden Ihnen möglicherweise die Tränen kommen. Es kann sein, dass Sie einen großen inneren Schmerz spüren, weil es bei Ihnen als Kind Zeiten gegeben haben mag, die wirklich schwer zu ertragen waren. Diese schmerzlichen Empfindungen können durchaus heftigen Charakter haben und Sie mögen in Versuchung geraten, diese Gefühle gleich zur Seite zu schieben.

Tun Sie dies nicht! Lassen Sie alle Gefühle zu, die bei Ihnen beim ausführlichen Betrachten Ihrer Kindheit auftreten mögen. Auch dies sind Emotionen, vor denen Sie sich nicht zu fürchten brauchen! Im Gegenteil:

Diese schmerzhaften Gefühle zeigen Ihnen den Weg!

Durch sie wird letztlich deutlich, welchen Weg Sie gehen können, um aus dem derzeitigen Irrgarten Ihrer Probleme herauszufinden.

Was haben Sie als Kind gefühlt, wenn Sie keine Zuwendung, kein Verständnis, keine Liebe erfahren haben? Es geschieht bei Kindern in solchen Situationen sehr häufig etwas, was in der Tat sehr traurig ist: Kinder entwickeln dann oft das Gefühl, der Liebe nicht wert zu sein! Sie fühlen sich minderwertig. Da oft genug die Eltern mit vielen Problemen zu kämpfen hatten, fühlen sich dann die Kinder sogar schuldig an den Problemen der Eltern! Wie viele Eltern fördern dies, indem sie den eigenen Kindern ihre Sorgen, ihre Konflikte, ihren Frust, ihre Verzweiflung usw. spüren lassen. Es gibt nicht nur körperliche Gewalt und Misshandlung. Sehr viel häufiger werden Kinder misshandelt mit Worten, Blicken und eben auch mit Entzug der Liebe.

Dies kann bei Kindern eine ganz fatale Wirkung haben. Stellen Sie sich mal ein Kind vor, versetzen Sie sich in seine Erlebniswelt. Die Erwachsenen sind die großen Vorbilder, die den Kindern u.a. helfen, sich in der für sie unüberschaubaren Welt besser zurechtzufinden. Die Eltern wissen alles (in den Augen der Kinder) und wenn nun diese Eltern immer wieder ihrem Kind mit Worten oder Taten Gewalt antun, diesem Kind die Liebe, das Verstehen, die Wertschätzung und Achtung vorenthalten, dann kann das Kind zu der Überzeugung kommen: »Die Eltern werden schon wissen, was sie tun. Ich habe es wohl gar nicht anders verdient. Ich bin eben kein liebes Kind.« Können Sie sich vorstellen, wie sich solche Gedanken auswirken können auf das spätere Leben eines Kindes, auf seine spätere innere Befindlichkeit? Ich kann diese Zusammenhänge in diesem Rahmen nur andeuten. Sie mögen selbst erahnen, was für belastende Erfahrungen, ja oft Tragödien sich für Kinder abspielen.

Was kann nun ein Kind tun, das sich dermaßen bedürftig fühlt und sich so sehr nach Liebe sehnt? Sicherlich, es kann resignieren oder auch aggressiv werden. Viel häufiger jedoch geschieht etwas anderes. Denn ein Kind liebt ja seine Eltern, unabhängig, wie sie sich ihm gegenüber verhalten, sogar dann, wenn es ein erbärmliches Verhalten ist. Das Kind kann anfangen, sich Mühe zu geben, versuchen, ein »braves« Kind zu sein, um den Eltern zu gefallen. Es sagt sich: Wenn ich mich nun ganz besonders anstrenge, dann haben mich meine Eltern lieb. Es fängt an, um Liebe und Zuwendung regelrecht zu kämpfen, Leistungen zu vollbringen, all dies verbunden mit dem (unausgesprochenen) Appell: Habt mich bitte lieb! Wie sieht das Ergebnis aus? Finden Sie sich mit Ihrer eigenen Kindheit hier teilweise wieder? Wie hat dieses Um-Liebe-Kämpfen funktioniert?

Haben Sie als Kind um Liebe kämpfen müssen?

Ich befürchte, Sie sind trotz alledem mehr oder weniger leer ausgegangen. Kennen Sie das Gefühl, nicht gut genug zu sein, unabhängig davon, wie sehr Sie sich angestrengt haben? Haben Sie das Gefühl, den Maßstäben nicht entsprochen zu haben? Wie sind die Auswirkungen auf Ihr späteres Leben gewesen?

Vielleicht hat es ja doch hin und wieder funktioniert. Vielleicht haben Sie immer wieder doch mal Anerkennung bekommen, wenn Sie sich Mühe gegeben haben? Und was ist geschehen, wenn Sie sich mal keine Mühe gemacht haben? Haben Ihre Eltern Sie möglicherweise bestraft, vielleicht auch mit Liebesentzug? Es ist ja eine sehr häufig angewandte Methode, Kinder mit Missachtung zu strafen, wenn sie den Vorstellungen der Eltern nicht entsprechen. Häufig werden die Kinder damit sehr unter Druck gesetzt. Die Kinder erhalten die Botschaft: Wir lieben dich nicht so, wie du bist, sondern wie du sein solltest. Oder aber auch: Wir lieben dich dann, wenn du so bist, wie wir es von dir erwarten. Dies erfahren oft genug bereits Babys und Kleinkinder, die man nicht in Ruhe sich entwickeln lässt, sondern unter dem Decknamen »Förderung« nach eigenen Vorstellungen zu formen versucht.

Dieses Buch kann natürlich keine erschöpfende Abhandlung über Fragen des Umgangs mit Kindern bzw. deren Erziehung sein. Jedoch sind diese von mir nur angedeuteten Zusammenhänge sehr häufig anzutreffen. Die Auswirkungen auf das Leben als Erwachsener können sehr heftig sein und finden sich als mögliche Ursache vieler gegenwärtiger Probleme. Die Sätze, die ich immer wieder in therapeutischen Gesprächen höre, heißen:

- (Nur) wenn ich mir Mühe gebe, dann erhalte ich Liebe.
- (Nur) wenn ich es den anderen recht mache, dann erhalte ich Zuwendung.
- (Nur) wenn ich etwas gebe, bekomme ich das, was ich brauche.

Kennen Sie die Sätze: »Ich kann nicht Nein sagen«, »Ich will es den anderen immer recht machen«, »Ich möchte den anderen immer helfen« etc.? Ich hatte ja bereits die Folgen dieses Denk- und Verhaltensmusters erwähnt: die eigene Enttäuschung und Erschöpfung. Nun wird zunehmend deutlich, was hinter diesem Muster steckt. Es ist Ausdruck eines Kampfes, der bereits seit der Kindheit gekämpft wird: der Kampf um Zuwendung.

Es den anderen immer recht machen wollen, heißt, um deren Zuwendung kämpfen.

Kann dieser Kampf um Liebe gewonnen werden? Welche Erfahrungen, welche Erfolge, welche Misserfolge haben Sie selbst gehabt?

Dieser Kampf ist die Forderung nach einem »Tauschgeschäft«: Gebe ich dir, gibst du mir. Dies mag überspitzt formuliert sein, aber es ist oft genauso gemeint, ohne dass es dem Gebenden bewusst ist. Es ist dies das Geben, das Helfen, das Für-jemand-da-sein-Wollen mit der (stillen) Erwartung einer Gegenleistung! Der Gebende sagt: Ich gebe dir, weil ich etwas von dir haben will. Da ich dir etwas gegeben habe, erwarte ich von dir nun eine Gegenleistung. Diese Gegenleistung soll die Zuwendung, die Anerkennung, die Wärme sein, die dem Gebenden fehlt. Natürlich spricht er dies nicht aus! Aber er spürt es besonders dann, wenn diese erwartete Gegenleistung nicht kommt! Dann wird er seinen eigenen Mangel wieder deutlich spüren und dies tut ihm gar nicht gut. Nun hat er sich so angestrengt, aber die erhoffte Wirkung ist ausgeblieben! Er hat keine zusätzliche Liebe erfahren. Also fühlt er sich bestätigt: Ich bin wertlos, ich tauge zu nichts, ich bin nicht gut genug! Dies sind absolut schmerzliche Gefühle, die kaum auszuhalten sind. Dies ist für den Gebenden dermaßen schmerzlich, dass er den Schmerz loswerden muss. Und dafür gibt es eine altbekannte und scheinbar bewährte Methode: Er startet eine »Übertragung«. Er überträgt sein inneres Problem, seinen Schmerz auf den anderen, er macht ihm Vorwürfe! Sie kennen diese Vorwürfe sicherlich: Die Menschen sind schlecht, sind undankbar! Die anderen machen mich fertig, usw.

Jemandem Vorwürfe machen heißt: ihm die Schuld und die Verantwortung für die eigenen Gefühle geben!

Der Gebende macht also sein Gegenüber verantwortlich für diesen Schmerz in ihm, obwohl dieser Schmerz ganz andere Wurzeln hat: in den eigenen Erfahrungen der ersten Lebensjahre. Aber das ist ihm nicht bewusst. Und so empfindet er sich als das Opfer der anderen Menschen, die seine Erwartungen nicht erfüllt haben. So kämpft er weiter um diese Zuwendung in der steten Hoffnung, eines Tages doch einmal so gut zu sein, so viel geben zu können, dass er als Dank diese Zuwendung bekommt. Da werden »nebenbei« oft alle möglichen eigenen Energiegrenzen und Möglichkeiten überschritten. Die Folge sind dann Erschöpfungszustände bis hin zum Zusammenbruch.

Dies ist in der Tat die große Not eines solchen Menschen, der die Bedürftigkeit seines »inneren Kindes« auf diese Weise zu stillen versucht. Aber das sieht er nicht. Er geht oft einen Schritt weiter und macht aus seiner Not eine Tugend. Er setzt sich quasi einen Heiligenschein auf mit dem Anspruch: Edel sei der Mensch, hilfreich und gut. Er entwickelt den moralischen Anspruch, dass es die Pflicht eines jeden sei, sich für andere aufzuopfern und immer nur zu geben. Wer das nicht tut, ist ein Egoist. Daraus zieht er zumindest den Gewinn, dass er, wenn er schon keine Gegenleistung bekommt, zumindest die Befriedigung hat, ein guter, ein sich aufopfernder Mensch zu sein. Und wenn er dafür nicht in diesem Leben belohnt wird, dann zumindest später, nach dem Tod.

Können Sie sich vorstellen, wie viel Not, wie viel Leid diese Denk- und Verhaltensweisen hervorrufen? Warum nur halten Menschen in förmlicher Leidenslust an Verhaltensmustern fest, die nur Leid hervorrufen? Jeder halbwegs vernünftige Mensch würde doch sofort mit etwas aufhören, von dem er wüsste, dass es ihm nur Nachteile bringt!

Ich selbst wurde vor vielen Jahren mit einer Behauptung konfrontiert, die letztlich eine unglaublich produktive und positive Wirkung für mich nach sich gezogen hat. Mit dieser Behauptung konfrontiere ich auch Sie, da ich davon ausgehe, dass auch Sie so manche Denk- und Verhaltensmuster haben, von denen Sie genau wissen, dass sie Ihnen überhaupt nicht gut tun, aber dennoch daran festhalten: Sie leiden nämlich gern!

Sind Sie empört über diese Behauptung? Wunderbar! Das war ich auch und habe voller Zorn gefragt, wie man denn zu solch einer blödsinnigen Behauptung kommen könne. Die Antwort war schlicht, klar und überzeugend. Ich selbst habe erst nach drei Tagen wieder meinen Mund zubekommen.

Sie leiden gern, denn sonst hätten Sie längst damit aufgehört!

Ich werde es noch anders formulieren, sodass es noch verständlicher wird: Welchen Gewinn haben Sie bislang aus dem Verhalten gezogen, das so viele Probleme mit sich bringt? Wo liegt der Vorteil eines solchen Verhaltens? Keiner tut etwas, wenn ausschließlich negative Folgen daraus resultieren!

Worin liegt Ihr Gewinn im bisherigen Verhalten?

Ich kann es Ihnen beantworten. Kehren wir zurück zu dem inneren Kind, das sich nicht geliebt fühlt, das sich so verzweifelt nach Wärme, Geborgenheit, Zuwendung usw. sehnt. Was tragen Sie zusätzlich in sich, wenn Sie anderen Menschen immer helfen wollen, es anderen recht machen wollen? Die Hoffnung, dass Sie damit etwas von dem anderen bekommen, das Sie selbst so sehr brauchen! Wie sagt der Volksmund so schön: Es lebt der Mensch, solang er hofft.

Diese Hoffnung lässt Sie die eigene große Bedürftigkeit nicht so deutlich spüren. Sie lenkt Sie davon ab, weil Sie Ihre Aufmerksamkeit darauf richten, was der andere Ihnen zurückgeben könnte. Und wenn er dies nicht tut, dann bekommt er Vorwürfe von Ihnen, dann ist er eben schuld daran, dass Sie leer ausgegangen ist. Dem anderen die Schuld dafür geben, entlastet Sie selbst, lenkt von dem eigenen heftigen Schmerz ab. Sie spüren ihn nicht mehr so sehr. Und das, genau das, ist der Gewinn aus diesem Verhalten, es den anderen immer recht machen zu wollen!

**Die Erwartung, Zuwendung von anderen zu bekommen,
wenn Sie es ihnen recht machen,
lässt Sie die eigene Bedürftigkeit nicht mehr so heftig spüren.**

An einem Beispiel aus dem Alltag lässt sich das verdeutlichen. Sie stehen an einem Bahnsteig und warten auf einen Zug, in dem jemand kommt, den Sie sehnsüchtig erwarten. Nun kann es vorkommen, dass der Zug sich verspätet. Das ständige Ausschauhalten und der Gedanke, er könne jeden Moment kommen, lässt auch eine lange Wartezeit (z.B. eine halbe Stunde) relativ schnell vergehen. Hören Sie aber gleich zu Beginn die Lautsprecherdurchsage, dass der Zug dreißig Minuten Verspätung habe, dann zieht sich die Wartezeit quälend dahin. Die Hoffnung, dass der Zug jederzeit kommen kann, lässt Sie die Wartezeit kaum spüren. Sobald es aber deutlich wird, dass für eine bestimmte Zeit der Zug nicht kommen wird, scheint die Wartezeit viel belastender, nicht wahr?

Ich denke, viele Ereignisse in Ihrem Leben werden aus diesem Blickwinkel verständlicher. Allerdings sind Sie noch immer ganz allein mit einer Frage, die sich jetzt geradezu aufdrängt: Wer stillt denn Ihre innere Bedürftigkeit, wenn Sie nicht mehr erwarten sollen, dass andere es tun?

Diese Frage schmerzt auch deshalb, weil damit die Hoffnung, dass andere Sie innerlich wärmen, aufgegeben werden müsste. Und damit sind Sie voll mit Ihrer inneren Not, mit ihrem inneren Kind konfrontiert. Sie spüren es und es fühlt sich überhaupt nicht angenehm an. Es ist ein Schmerz, der in seiner Reinheit sehr heftig ist.

Bis zur Lösung dieser Frage werden Sie sich noch etwas in Geduld fassen müssen. Zunächst sind noch einige Sätze zum Thema »Geben und Helfen« notwendig. Es soll nicht der Eindruck entstehen, Geben und Helfen sei etwas, was abzulehnen sei. Im Gegenteil! Tatsächlich ist es ganz elementar wichtig, wie Sie sich im Leben verhalten, welche Energie Sie aussenden. Jemandem helfen, einem anderen etwas geben, Liebe aussenden ist sicherlich ein wichtiger Bestandteil unserer Lebensaufgabe. Dazu später mehr.

Es ist nur die Frage: Geben Sie, weil Sie etwas vom anderen brauchen? Oder geben Sie als Ausdruck eigener Vitalität, eigener Lebenskraft? Liegt hinter dem Geben die Erwartung, etwas zurückzubekommen, oder wollen Sie den anderen an Ihrem eigenen inneren Reichtum teilhaben lassen?

Können Sie den Satz

»Ich gebe dem anderen, weil ich etwas von ihm brauche«

umdrehen in:

»Ich brauche den anderen, um ihm etwas zu geben zu können«?

Auch in der Partnerschaft ist dies von großer Bedeutung. Es macht sicherlich einen Unterschied, ob Sie sagen: »Ich liebe dich, weil ich dich brauche« oder: »Ich brauche dich, weil ich dich liebe«.

Die Art der Liebe und des Gebens, wie ich es immer wieder sehe, kommt mir vor wie eine Schmiergeldzahlung, um den anderen dazu zu bewegen, eine Gegenleistung zu erbringen, d.h. mir das zu geben, was ich selbst so sehr brauche. Ist dies der ursprüngliche Geist des Gebens und der Liebe? Es gibt ja noch die andere Art des Gebens: Geben als Ausdruck eigener Lebenskraft, eigener Lebendigkeit, ja, auch Ausdruck eigener Liebe. Energie weitergeben, die man selbst erhält, also: von Energie durchströmt zu werden, ist eine wunderbare Vorstellung! Erich Fromm hat in seinem Büchlein *Die Kunst des Liebens* diese Zusammenhänge sehr schön dargestellt.

Kehren wir zurück zu Ihrem inneren Kind. Sie spüren es intensiv, wenn Sie sich auf diesen Blick in die Vergangenheit einlassen, und Sie spüren diesen Schmerz, diese Traurigkeit. Wie können Sie damit umgehen? Zunächst einmal können Sie genau das tun, was im Kapitel *Sofortmaßnahmen* beschrieben wurde: Sie können diese Gefühle annehmen, sie einfach aushalten. Sie brauchen sich vor ihnen nicht zu fürchten, denn Sie tragen sie schon sehr lange in sich. Sie werden nicht deshalb gefährlicher, wenn Sie sie nun spüren.

Was machen Sie, wenn ein trauriges und weinendes Kind vor Ihnen steht? Ja, Sie nehmen es in den Arm und trösten es. Was machen Sie mit Ihrem eigenen inneren Kind, das traurig ist und weint? Können Sie es auch »in den Arm nehmen«? Oder schieben Sie es weg, weil es für Sie unangenehm ist? Wollen Sie von ihm nichts wissen? Sagen Sie ihm unwirsch: »Geh weg!«?

Wann hört das Kind am ehesten auf zu weinen? Wann weint es ständig weiter? Ich denke, dies wird jedem von Ihnen klar sein.

Dies ist der wichtige Punkt, an den ich Sie führen wollte. Es ist die Aufforderung an Sie, Ihr eigenes inneres Kind zunächst einmal wahrzunehmen, es kennen zu lernen und letztlich zu akzeptieren. Halten Sie einmal inne und machen Sie sich diese schmerzlichen und traurigen Gefühle von früher, wie immer sie nun genau aussehen mögen, bewusst. Dann ist es auch möglich und notwendig, sich dies einzugestehen und zu sagen: »Ja, ich bin bedürftig geblieben. Ich trage große Traurigkeit in mir.«

Ein wichtiger Schritt ist, die eigene innere Bedürftigkeit anzunehmen.

Was bringt Ihnen dieses Annehmen der inneren Bedürftigkeit?

Es vollzieht sich in Ihnen ein erster wichtiger Schritt zur Lösung Ihrer Probleme!

Wie kann dies geschehen? Sie haben schon einiges über innere Erwartungshaltungen und Abhängigkeiten von anderen gelesen. Sie haben erkannt, dass diese Einstellungen anderen gegenüber Ihnen bislang kaum Positives gebracht, sondern oft genug Ihr Leid und Ihre Enttäuschung vergrößert haben. Sie haben die anderen mit bedürftigen Augen angeschaut, weil Sie etwas von Ihnen haben wollten. Es stellt sich hier auch die Frage, inwieweit Ihre Mitmenschen dies als besonders erfreulich ansehen.

Ich mute Ihnen nun eine große Enttäuschung zu, oder genauer gesagt: eine Ent-Täuschung! Es bedeutet dies eine Befreiung von der »Täuschung«, von der Überzeugung, dass Ihre Mitmenschen dazu da sind, Ihre eigenen Bedürftigkeiten auszugleichen.

Was erreichen Sie mit dieser Erwartungshaltung Ihren Mitmenschen gegenüber? Sie bürden ihnen eine Last auf, als sei es deren Verantwortung, dafür zu sorgen, dass es Ihnen gut geht! Die anderen werden es spüren, darauf können Sie sich verlassen! Werden Ihre Mitmenschen nun darüber sehr erfreut sein? Sie teilen es ihnen auf vielen verschiedenen Ebenen mit, mit Worten, mit Tonfall, mit Mimik, mit Gestik, ja, Sie strahlen es förmlich aus: Du musst mir das geben, was ich so sehr brauche! Oft genug folgt recht bald die Drohung: Wehe, wenn du es mir nicht gibst, dann mache ich dir Vorwürfe! Ich habe diese Zusammenhänge bereits in dem Kapitel über zu knappe Energie angesprochen.

**Eine Erwartungshaltung anderen gegenüber zu haben heißt,
ihnen eine Bürde aufzuladen und
ihnen nicht die Freiheit des Handelns zu geben.**

Wie viele zwischenmenschliche Beziehungen werden mit diesen inneren Mechanismen belastet! Wie viel Leid entsteht daraus! Wie können Beziehungen zu anderen gelingen, wenn wir ihnen so etwas Kostbares wie die Freiheit vorenthalten?

Die Lösung liegt in einem sehr einfachen Schritt, der aber dennoch vielen Menschen so schwer fällt.

Die Lösung liegt in der Übernahme der *eigenen* Verantwortung für die eigene Bedürftigkeit. Dieser Schritt bedeutet auch eine gewaltige Entlastung Ihrer Mitmenschen, denen Sie nun nicht mehr die Bürde aufladen, für Sie sorgen zu müssen, und gleichzeitig die Freiheit des Handelns geben. Können Sie sich vorstellen, wie positiv sich dies auf die Beziehung zu Ihren Mitmenschen auswirken kann? Diese Beziehung wird entspannter, entkrampfter, es ist kein Platz mehr da für Erwartungshaltungen, Enttäuschungen und Vorwürfe! Der große Raum, der davon in Beschlag genommen war, kann nun für andere, positive Aspekte der Beziehung genutzt werden!

Die Übernahme eigener Verantwortung ist eine Entlastung der Beziehung zu anderen.

Warum fällt Ihnen dies so schwer? Es bedeutet, dass Ihnen zugemutet wird, zunächst auf das zu verzichten, von dem Sie überzeugt sind, dass Sie es zum Leben dringend brauchen: die Zuwendung anderer Menschen! Eine Kröte, die es zu schlucken gilt! Es wird Ihnen zugemutet, auf die warme Energie, die von den Mitmenschen kommen kann, zu verzichten! Fangen Sie bei diesem Satz bereits an, innerlich zu frieren? Das ist völlig verständlich! Es fällt natürlich (zunächst) unendlich schwer, auf etwas zu verzichten, das Sie so sehr brauchen! Der eigene Mangel wird Ihnen umso deutlicher, je konkreter Sie auf die Erwartung verzichten, dass andere ihn beheben!Verzichten als Lebensziel? Aushalten der eigenen schmerzlichen Bedürftigkeit als Lebensziel? Sie fragen sicherlich zu Recht, ob dies allen Ernstes mein Anliegen ist.

Sie können beruhigt sein. Mein Anliegen ist zwar ein Verzicht, aber ein Verzicht auf die bisherigen Denk- und Verhaltensmuster, die bislang nur Ihr Leid und Ihre Probleme verstärkt haben, nicht aber Verzicht auf Ihre Lebensfreude und Ihre innere Zufriedenheit.

Zunächst stehen Sie mit Ihrer inneren Bedürftigkeit da, die Sie nun sehr deutlich spüren. Sie werden in Kapitel *Polarität des Lebens* noch ausführlich davon lesen, wie wichtig, wie Gewinn bringend, wie heilsam es ist, diese schmerzlichen Gefühle zuzulassen und selbst Verantwortung dafür zu übernehmen. Dies ist in der Tat ein wichtiger Schlüssel für ein erfülltes Leben, das Sie sich so sehr wünschen! Um die eigene Verantwortung für Ihre Gefühle kommen Sie nicht herum, denn es sind ja Ihre *eigenen* Gefühle!

Übernehmen Sie gern Verantwortung? Und nun sollen Sie noch Verantwortung für sich selbst übernehmen? Haben Sie auch einen Impuls in sich, der sich dagegen wehrt? Das klingt ja wie Arbeit, Anstrengung, Freudlosigkeit, also das Gegenteil von dem, was Sie anstreben: Zufriedenheit, Glück, Leben genießen usw.! Bevor sich bei Ihnen eine innere Abwehr einnisten kann, stelle ich einen Satz daneben, der sich in langen therapeutischen Jahren immer wieder bestätigt hat:

Wenn Sie aufhören, von anderen das zu erwarten,
was Sie im Leben so dringend brauchen,
wird das Leben es Ihnen schenken!

Das klingt unglaublich und geheimnisvoll, es ist aber so. Wenn Sie darauf verzichten, dass andere Menschen Ihnen all das geben, wonach Sie sich so sehr sehnen, dann haben Sie den ersten wichtigen Schritt getan, damit Sie es in Ihrem Leben erhalten! Sie entlassen die anderen aus der Verantwortung, für das verletzte Kind in Ihnen sorgen zu müssen. Damit haben Sie angefangen, es selbst zu tun! Und da Sie das, was Sie brauchen, am besten kennen, sind somit auch die Chancen am größten, es zu bekommen.

So tritt eine Ent-Täuschung im besten Sinne ein, eine Befreiung von der Täuschung, dass die anderen Ihnen das bringen, was Sie brauchen, aber damit auch eine Befreiung von Erwartungshaltungen, Enttäuschungen und Vorwürfen!

Diese Befreiung können Sie bereits wie einen ersten Energieschub genießen!

Was ich hier schildere, ist ein Schritt, der nicht in einer Woche getan werden kann, das mag sein. Aber das gute Gefühl kommt ja nicht erst dann, wenn Sie am Ziel angekommen sind, sondern bereits dann, wenn Sie die Richtung kennen. Ich werde in diesem Buch später noch über »Polarsterne« reden. Selbst wenn Sie sie nicht erreichen, sind sie dennoch so wertvoll, weil Sie sich an Ihnen orientieren können.

Diese Zusammenhänge werden in überzeugender und bewegender Weise auch durch die Deutung eines bekannten Märchens deutlich gemacht. Hans Jellouschek beschreibt in *Der Froschkönig: Ich liebe dich, weil ich dich brauche,* wie das schmerzliche Annehmen der eigenen Bedürftigkeit des Frosches hier erst durch die scheinbar harte Abgrenzung der Prinzessin erreicht wird: Der Frosch fliegt gegen die Wand. Aber dann steht er da, der Königssohn! Und auf ihn wartet die Kutsche mit den acht weißen Rössern (Lebensenergie) und dem treuen Johannes (altes Symbol für die Liebe). Ein schönes Bild! Dieses Buch hat eine intensive heilende, aber auch tröstliche und Mut machende Wirkung.

Und dies ist genau das Ziel, das Sie erreichen können, wenn Sie andere aus der Verantwortung entlassen, für Ihre eigene Bedürftigkeit zu sorgen: ein Leben voll Energie und Liebe!

Im Leben und im ganzen Universum ist überreichlich Energie für uns vorhanden! Wie durch einen Infusionsschlauch sind wir mit diesem Energiereservoir verbunden. Aber dieser Schlauch hat Knoten oder Blockaden, darum erreicht uns oft so wenig davon. Annehmen der eigenen Bedürftigkeit und Übernahme der eigenen Verantwortung in liebevollem Umgang mit sich selbst führen dazu, dass diese Knoten und Blockaden sich lösen.

Dann fließt uns Energie in reichem Maße zu, die wir weitergeben können. Von Energie durchströmt zu werden ist wahrhaftig ein unglaublich gutes Gefühl im Leben. Das wird Ihr Ziel sein, das Sie erreichen können.

Das innere Kind

Ohne Erwartungshaltung lebt es sich nicht leichter, aber besser

- Das »innere Kind« symbolisiert Ihr inneres Defizit, Ihren Kummer, Ihren Schmerz. Diese Gefühle zeigen Ihnen Ihre Aufgabe, Ihren Weg zum Ziel.
- Die Muster *Wenn ich mir Mühe gebe, dann erhalte ich Liebe* und *Wenn ich es anderen recht mache, erhalte ich Zuwendung* können fatale Auswirkungen auf Ihr Leben haben und zu Überforderungen, Erschöpfungen und Leid führen.
- Erhalten Sie die Zuwendung nicht, können Sie Ihr inneres Kind spüren. Daraus können Erwartungshaltungen an andere entstehen.
- Erwartungshaltung heißt, anderen die Last der Verantwortung für das eigene Wohlbefinden aufzuladen sowie ihnen nicht mehr die Freiheit des Handelns zu geben.
- Vorwürfe machen heißt, anderen die Schuld dafür zu geben, dass Sie Ihr »inneres Kind« spüren, wenn sie Ihnen die erwartete Zuwendung nicht geben.
- Erwartungshaltungen führen meist zu Enttäuschungen, aber auch dazu, das »innere Kind« nicht so deutlich zu spüren. Darum wird oft trotz der damit verbundenen leidvollen Erfahrungen an ihnen festgehalten.
- Die Übernahme der eigenen Verantwortung für Ihr Wohlbefinden führt zu einer Entlastung der Beziehung zu anderen.
- Andere Menschen aus der Verantwortung für Ihre Bedürftigkeit zu entlassen und sie selbst zu übernehmen, macht es dem Leben möglich, Ihnen das zu schenken, was Sie brauchen.

Schuldzuweisungen

Sind andere schuld daran, dass es Ihnen nicht gut geht?

Ich habe im vorangegangenen Kapitel von der Übernahme eigener Verantwortung für die Erfüllung eigener Bedürfnisse gesprochen. Weil ich weiß, dass dies vielen Menschen sehr schwer fällt, werde ich darauf näher eingehen. Auf dem Weg zu dieser Übernahme gilt es Hindernisse zu überwinden. Diese Hindernisse sind nichts anderes als Ihre bisherigen Denk- und Verhaltensmuster, die Ihnen lieb und teuer geworden sind. Sie sind Ihnen in der Tat bislang »teuer« zu stehen gekommen, weil sie Sie an einem erfüllten Leben gehindert haben.

Eines der beliebtesten Hindernisse sind die Schuldzuweisungen:

- Andere sind schuld daran, dass Sie immer wieder leer ausgehen!
- Andere sind schuld daran, dass Sie momentan Probleme haben!
- Andere sind schuld daran, dass Sie sich schlecht fühlen!
- Andere sind schuld daran, dass Sie Ihr Ziel nicht erreicht haben!
- Andere sind schuld daran, dass Sie unglücklich sind!

Können Sie diese Aufzählung noch erweitern? Ich bin sicher, es fallen Ihnen noch viele Punkte ein.

Dies sind Sätze und innere Haltungen, die in unserer Gesellschaft weit verbreitet sind und von vielen als so selbstverständlich angesehen werden, dass sie gar nicht auf die Idee kommen, es könnte auch anders sein!

Es ist üblich, in anderen Menschen die Schuldigen bzw. die Urheber der eigenen Probleme und Gefühle zu sehen. Da gibt es die immer wieder angeführte »schlimme Kindheit«, die Eltern, die Lehrer, die Geschwister, die Ehepartner, die Kollegen usw., die verantwortlich dafür gemacht werden, dass es uns heute schlecht geht und wir ein Problem haben. Uns wurde regelrecht eine Opferrolle zugedacht. Wir haben eben zu ertragen, was andere Menschen mit uns machen! Es wird aber oft auch das so genannte Schicksal oder aber die Vererbung dafür verantwortlich gemacht. So haben Sie gelernt, dass die Verantwortung für Ihre Probleme nicht bei Ihnen liegt.

Sie kennen sie gut, diese Gefühle, die damit verbunden sind: Es sind Zorn, Wut, Empörung, Enttäuschung, Verbitterung, Resignation, Kränkung, Verletzung, Beleidigung u.v.m. Schauen Sie sich um! Sie sind mit diesen Gefühlen nicht allein, im Gegenteil! Diese Gefühle haben viele Menschen im Griff, die sich darüber wundern, dass sie mit solchen Gefühlen kein zufriedenes Leben führen können. Es ist in der Tat sehr bedrückend, mit ansehen zu müssen, wie viele Menschen sich von diesen negativen Gefühlen beeinflusst fühlen, wie es deren Leben einfärbt und sie am Erreichen eigener Ziele hindert. Es ist dermaßen bedrückend, dass viele nur bestehen können, wenn sie sich selbst trösten: Ich kann ja nichts dafür!

Andere sind schuld daran, dass es uns schlecht geht. Welch wundervolles Ablenkungsmanöver! Sie können eben nichts dafür, dass Sie ein Problem haben, und können sich weiter selbst bemitleiden. Das ganz besonders Fatale an dieser weit verbreiteten Haltung ist, dass Sie sich damit dafür entschieden haben, weiter zu leiden! Es gilt hier, eine wichtige Erkenntnis zu verinnerlichen:

Die beste Garantie, dass sich an Ihrem Problem nichts ändert, ist, andere dafür verantwortlich zu machen. Damit entscheiden Sie sich dafür, weiter zu leiden!

Ich höre immer wieder die empörten Einwände: »Aber die anderen haben doch ...!« Ja, die anderen haben ...! Die anderen verhalten sich oft so, dass Sie es nicht akzeptieren oder für gut heißen können. Es ist auch mir klar, dass Menschen immer wieder ein Verhalten an den Tag legen, das sehr problematisch ist. Und ich will nicht manch schäbiges, erbärmliches und unrechtes Verhalten anderer Menschen verharmlosen oder rechtfertigen. Der klare Blick ist mir sehr wichtig – nicht nur für das Erreichen eigener Zufriedenheit im Leben, sondern auch für die derzeitigen Realitäten.

In diesem Zusammenhang ist über das Hauptwort dieses Kapitels selbst zu reden: die Schuld. In der Tat ein gewaltiges Wort. Ich möchte Sie zunächst ganz einfach dazu auffordern, dieses Wort aus Ihrem Sprachschatz zu streichen und durch das Wort »Beteiligung« zu ersetzen. Es ist schon ein gewaltiger Unterschied, ob Sie sagen, jemand ist schuld an Ihrem Problem, oder ob Sie sagen, jemand ist am Zustandekommen Ihres Problems beteiligt. Damit fallen die unguten und wenig hilfreichen emotionalen Assoziationen weg, die mit dem Wort »Schuld« verbunden sind. Außerdem wird es dadurch sehr viel einfacher, die problematische Situation mit einem klaren Blick zu betrachten. Und dieser klare Blick ist so wichtig!

Das Verhalten vieler Menschen Ihnen gegenüber mag traurig gewesen sein, gewiss. Dass Sie aber an Ihrem Zorn und Ihrer Verbitterung festhalten und damit das Entstehen eigener Zufriedenheit in Ihrem Leben verhindern, ist noch viel trauriger!

Wem geben Sie die Macht in Ihrem Leben?

Wer bestimmt denn, wie es Ihnen geht? Bestimmen das die anderen? Oder wollen Sie es selbst bestimmen?

Welches Gewicht, welchen Einfluss, welche Macht geben Sie den Worten und Taten anderer, um zu bestimmen, wie es Ihnen geht?

Die Bemühungen, diese Fragen zu beantworten, führen in spannende Bereiche! Sie werden so manche Ereignisse in Ihrem Leben möglicherweise aus einem anderen Blickwinkel sehen. Das Spannende an den dabei entstehenden Antworten ist auch, dass Sie beginnen, Ihre eigene Macht in Ihrem Leben zu erahnen! Und dies ist ein unglaublich gutes Gefühl.

Wenn tatsächlich das Verhalten anderer Menschen verantwortlich für Ihre Probleme wäre, wenn also andere Menschen darüber bestimmen würden, wie es Ihnen geht, dann sähe es in der Tat schlimm für Sie aus. Sie kommen nämlich an einem Punkt nicht vorbei: Sie können das Verhalten anderer Menschen nicht direkt verändern! Dies funktioniert nicht, obwohl es immer wieder versucht wird.

Wie viel Energie, wie viel Mühen werden darin investiert, das Verhalten der anderen zu verändern! Wie reagieren die anderen bzw. Sie selbst auf solche Bemühungen? Werden sie nicht oft wie Angriffe empfunden? Es entstehen regelrechte Kämpfe mit Angriffen und Verteidigungen bzw. Gegenangriffen, es herrscht oft regelrecht Krieg, keine sonderlich angenehme Basis für ein fruchtbares Miteinander. Wie viele Niederlagen werden bei diesen Kämpfen in Kauf genommen? Es gibt meist nur Niederlagen und dennoch: Es wird weiter gekämpft. Ich sagte es ja schon, es wird oft gern gelitten!

Wenn also wirklich andere Menschen Ursache Ihrer Probleme wären, dann wären Sie also ein passiver Spielball der Ereignisse und der Worte und Handlungen anderer Menschen! Ist das nicht eine unerträgliche Vorstellung? Ist es nicht unerträglich, davon auszugehen, dass es am Verhalten anderer liegt, wie es Ihnen geht und ob Sie Probleme haben oder nicht?

Hören Sie auf zu leiden! Treten Sie heraus aus der Opferrolle! Andere Menschen haben nur die Macht in Ihrem Leben, die Sie ihnen geben!

Sie sind nicht das passive Opfer, das »gar nichts dafür kann«, sondern sind der Täter und bestimmen selbst, wie Ihr Leben aussieht.

Es gibt immer einen »Symptomträger« und einen »Symptompfleger«. Jemand hat eine gewisse Eigenschaft oder ein gewisses Verhalten und der andere hat das Seinige dazu getan, dass er so geworden ist und unterstützt dieses Verhalten weiter. Dieser Mechanismus spielt sich in allen zwischenmenschlichen Beziehungen ab. Die Kenntnis dieser Zusammenhänge eröffnet jedoch auch die Lösungsmöglichkeiten! Verändern Sie Ihr Verhalten, wird auch der andere sein Verhalten ändern! (Hierüber erfahren Sie im Kapitel *Resonanz* noch mehr.)

Natürlich sind Sie es gewohnt, die Ursachen für Ihren Zustand in Ihrer Umgebung, bei Ihren Mitmenschen zu suchen. Das wird uns von klein auf beigebracht. Jeder von Ihnen hat seine Leute »auf dem Kieker«, gegen die sich die Vorwürfe richten. Vergessen Sie es! Der Zorn auf diese Menschen blockiert Sie nur und verhindert das Zustandekommen einer Lösung!

Sie tun zudem mit Ihrem Zorn etwas Verrücktes: Sie geben ausgerechnet demjenigen, den Sie als Schuldigen für Ihre Lage ansehen, die Macht zu bestimmen, wie es Ihnen heute geht! *Andere* Leute tun unrechte Dinge und *Sie* haben Magenschmerzen. Sie bestrafen also die Fehlleistungen anderer Leute bei sich selbst! Wollen Sie das wirklich? Da wird gehadert, gejammert, vorwurfsvoll geredet und vieles mehr. Schauen Sie sich um: Überall finden Sie derartige Verhaltensweisen. Ich frage Sie aber:

Wie wollen Sie mit Hadern, Jammern und Vorwürfen glücklich und zufrieden leben?

Ja, es mag schlimm sein, was Ihnen Ihre Eltern, Ihr Ehepartner, Ihre Kollegen, Nachbarn usw. angetan haben. Aber wie viel schlimmer ist es zu denken, dass es noch heute eine Bedeutung für Sie hat, also daran festzuhalten und nicht loszulassen! Durch dieses Festhalten geben Sie Ihrer derzeitigen problematischen Stimmung und Lage noch zusätzlich Dünger. Worauf Sie Ihre Aufmerksamkeit richten, dorthin fließt Ihre Lebenskraft. Wenn Sie also ständig daran denken, wie sich andere Menschen Ihnen gegenüber verhalten haben, wenn Sie ständig daran denken, wie sehr Sie darunter leiden, dann führen Sie diesem Leid noch zusätzlich Energie bzw. Dünger zu, Sie gießen Öl ins Feuer. Damit haben Sie sich dafür entschieden, weiter zu leiden!

Vielleicht macht es ein Bild noch deutlicher: Viele Menschen haben das Gefühl, dass sie in den ersten Lebensjahren in einen »falschen Zug« gesetzt worden sind, der nun in eine Richtung fährt, in die sie gar nicht fahren wollen. Nun beklagen sie sich über diejenigen, die sie dort hineingesetzt haben. Sie ärgern sich ständig darüber, dass es der falsche Zug ist, hadern mit ihrem Schicksal, bedauern sich, wie arm dran sie doch sind, weil sie in die falsche Richtung fahren. Sie schimpfen möglicherweise noch auf den Lokführer oder weinen ständig leise vor sich hin. Kennen Sie solche Menschen?

Sie sitzen so lange im falschen Zug, bis Sie eines Tages erkennen, dass Sie nicht im falschen Zug sitzen, weil Sie früher dort hineingesetzt worden sind, sondern weil Sie sich selbst dazu entschlossen haben, nicht auszusteigen und umzusteigen!

Sie haben die Entscheidung! Sie haben immer die Möglichkeit, auszusteigen! Es mag durchaus sein, dass Sie mehrfach umsteigen müssen, bis Sie endlich den richtigen Zug finden, mit dem Sie reisen wollen. Es ist Ihr alleiniger Wille, im falschen Zug zu sitzen oder nicht.

Es gibt keine Situation, die Sie nur erdulden müssen, es sei denn, Sie entscheiden sich dafür.

Es ist so herrlich bequem, andere Menschen für schuldig zu erachten, anstatt selbst die Verantwortung für sein Leben zu übernehmen. Wenn Sie ständig weinend und hadernd daran denken, wie Sie in den falschen Zug gekommen sind, verpassen Sie alle Bahnhöfe, an denen Sie längst hätten aussteigen können!

Das vorangegangene Kapitel macht deutlich, warum Sie sich möglicherweise bislang dazu entschieden haben, weiter zu leiden: Der Gewinn aus dieser Entscheidung ist, dass Sie mit Ihrem »inneren Kind« nicht so sehr in Berührung kommen. Die Übernahme eigener Verantwortung führt zunächst zu einem Verzicht auf die Zuwendung anderer. Dadurch spüren Sie vermutlich Ihre alten Wunden deutlich. Aber durch die Übernahme der Verantwortung für die eigene Befindlichkeit tritt allmählich das ein, wodurch der Schmerz sich löst: die eigene innere Heilung!

Hier kann ich auch den bekannten, verstorbenen Schauspieler John Wayne zitieren. Er sagt einmal in einem dieser alten Western-Filme am Lagerfeuer in väterlicher Weise zu einem jungen Cowboy: »Weißt du, mein Junge, manchmal bekommst du beschissene Karten mit ins Leben. Aber lass dir gesagt sein (und klopft ihm auf die Schulter): Man kann auch mit miesen Karten ein gutes Spiel machen!«

Also: Sie allein sind der Boss in Ihrem Leben! Wer sollte es auch sonst sein?

Schuldzuweisungen

Sind andere schuld daran, dass es Ihnen nicht gut geht?

- Die beste Garantie dafür, dass sich an Ihren Problemen nichts ändern wird, ist, andere dafür verantwortlich zu machen.
- Mit Schuldzuweisungen haben Sie sich dazu entschieden, weiter zu leiden. Damit geben Sie die Macht in Ihrem Leben ab.
- Es mag traurig sein, was Ihnen angetan wurde. Viel trauriger jedoch ist es zu denken, dass es heute noch eine Bedeutung für Sie hat.
- Welchen Einfluss und welche Macht geben Sie den Worten und Taten anderer Menschen, um darüber zu bestimmen, wie es Ihnen geht? Wer bestimmt Ihr Lebensgefühl?
- Können Sie mit Hadern, Jammern, Ärger und Vorwürfen sich in Ihrem Leben wohl fühlen? Warum halten Sie daran fest?
- Es gibt kein Lebensgefühl, das Sie erdulden müssen, es sei denn, Sie entscheiden sich dafür.
- Sie sitzen nicht im »falschen Zug« im Leben, weil Sie mal dort hineingesetzt worden sind, sondern weil Sie sich selbst dazu entschieden haben, nicht auszusteigen und umzusteigen.
- Haben Sie »miese Karten« für das Leben bekommen? Man kann auch mit miesen Karten ein gutes Spiel machen.

Loslassen

Ballast abwerfen und frei für eine konstruktive Lösung werden

Ich habe davon gesprochen, dass Sie es gewohnt sind, häufig andere Menschen für Ihre Probleme verantwortlich zu machen. Dies kann durchaus so weit gehen, dass Sie sich manchmal von diesen anderen Menschen regelrecht bedroht fühlen. Sie müssen ja immer wieder befürchten, dass sich andere Menschen nicht so verhalten, wie Sie es sich wünschen und wie es für Sie angenehm und hilfreich wäre! Denn in diesem Falle würde es Ihnen ja bereits wieder schlecht gehen! Andere Menschen haben also letztlich die Macht zu bestimmen, wie es Ihnen geht! Und da sich die anderen nun nicht immer so verhalten, wie es Ihren eigenen Ansprüchen genügt, müssen Sie ja ständig befürchten, dass es Ihnen wieder schlecht geht.

Kann dies eine Basis für ein gutes Miteinander und gute Beziehungen sein? Ist es so möglich, entspannt zu leben?

Aus demselben Grund können Sie sich aber auch von der Vergangenheit bedroht fühlen. Denn die Vergangenheit besteht ja aus Realitäten, die durch Handlungen anderer, aber auch durch Ihre eigenen Handlungen entstanden sind. (Auf den Anteil eigener Handlungen werde ich später eingehen. Hier werde ich mich zunächst auf die Handlungen anderer beschränken.)

Welch beliebtes Ziel für Schuldzuweisungen ist die Vergangenheit! Immer wieder ist zu hören: Die Vergangenheit ist schuld! Dann werden alle möglichen Vorkommnisse »aus der

Kiste geholt«, anders kann ich es nicht bezeichnen. Die Zeit ist längst vorbei, aber all das, was geschehen oder eben auch nicht geschehen ist, scheint auf viele eine unglaubliche Faszination auszuüben. Immer wieder wird darüber gegrübelt, damit gehadert, wird sich geärgert. Besonders aber kommen Sie immer wieder zu dem Schluss, dass das, was in der Vergangenheit geschehen ist, schuld daran ist, dass es Ihnen heute schlecht geht.

Schauen Sie sich mal an, welche Folgen diese Schuldzuweisungen für Sie haben! Die Folgen empfinden Sie als dermaßen unangenehm, dass Sie ständig dabei sind, davon abzulenken, indem Sie anderen Menschen aus eben dieser Vergangenheit Vorwürfe machen. Wenn Sie aber mal mit diesen Vorwürfe aufhören würden, was würden Sie dann in sich selbst finden?

Da sind Ärger, Zorn, Verbitterung, Enttäuschung, Kränkung, Depressionen und vieles mehr. Wenn diese inneren Zustände lange genug andauern, findet sich in deren Folge auch eine Reihe von Krankheiten. Es ist nicht verwunderlich, wenn Sie sich vor diesen Zuständen fürchten und sich von ihnen bedroht fühlen. Sie tun Ihnen nämlich in der Tat überhaupt nicht gut.

Wie können Sie aber ein glückliches und zufriedenes Leben leben, wenn diese beschriebenen Gefühle in Ihnen wach sind?

Wenn Sie sich von etwas bedroht fühlen, dann können Sie auf die Idee kommen, dagegen anzugehen, dagegen zu kämpfen. Ich hatte Ihnen bereits geschildert, was bei einem Kampf geschieht: Sie führen Ihrem Gegner Energie zu, erhöhen dessen Aggressivität. Im gleichen Ausmaß verlieren Sie Energie. Dies gilt es immer zu bedenken.

Wie kann aber der Kampf gegen die Vergangenheit ausgehen? Können Sie gewinnen? Was wollen Sie mit dem Kampf gegen die Vergangenheit erreichen? Können Sie sie verändern? Dies ist natürlich nicht möglich. Dennoch wird ständig weitergekämpft. Hier findet sich wieder die besagte Leidenslust.

Und dieser Kampf kostet eine Menge Energie! So wird viel wertvolle Energie verbraucht, die zur positiven Gestaltung des Lebens natürlich fehlt. Können Sie sich vorstellen, mit solch einer Energieverschwendung Ihre Probleme im Leben zu lösen? Ich muss, wenn ich mir das Verhalten vieler Menschen genau anschaue, zu der provokativen Äußerung kommen, dass sich viele Menschen wirklich dafür entscheiden, dass sich in ihrem Leben nichts zum Positiven verändert! Mit dem Vergangenen halten sie gleichzeitig an ihrer Verbitterung fest und beklagen sich auch noch über ihre Verbitterung.

Es gibt nur einen einzigen Menschen, der diese Verbitterung auflösen kann: Sie selbst! Kein anderer Mensch kann dies tun! Denken Sie an das Beispiel aus dem letzten Kapitel: Um aus dem in die falsche Richtung fahrenden Zug herauszukommen, ist zunächst etwas sehr Banales, aber auch sehr Wichtiges notwendig:

**Sie brauchen die Entscheidung,
Ihre Situation wirklich ändern zu wollen!**

Diese Entscheidung kann Ihnen kein anderer Mensch abnehmen! Es ist Ihre ganz alleinige Entscheidung, ob Sie in Ihrer misslichen Situation, sei es äußerlich oder innerlich, verharren oder sie verlassen wollen!

Drücken Sie sich davor, dann haben Sie sich dafür entschieden, im Zug zu bleiben bzw. in Ihrer Lage zu verharren. Das ist dann aber Ihre eigene Entscheidung! Dafür können Sie keinen anderen verantwortlich machen!

Hier wird die ganze Tragweite der im Kapitel *Emotionen in der Krise* erwähnten Sätze deutlich:

**Es ist, wie es ist. Ich akzeptiere, wie es ist.
Ich gehe den nächsten Schritt.**

Den ersten Schritt haben Sie bereits vollzogen. Nun folgt der nächste Schritt: sich von den Dingen, die Ihnen in Ihrem bisherigen Leben widerfahren sind, vollständig zu lösen! Das können Sie nur, wenn Sie diese Dinge zunächst erst einmal nur akzeptieren. Das fällt den meisten sicherlich sehr schwer.

Es wird von Ihnen ja nicht erwartet, dass Sie diese Geschehnisse nun besonders gut finden müssen und darüber geradezu begeistert sein sollen. Es reicht völlig aus, es einfach zu akzeptieren. Sie sagen zu sich: »Das ist sehr hart für mich. Aber ich nehme es an, es ist o.k. Ich nehme es als Herausforderung und als Aufgabe an. Es wird schon seinen Sinn haben.« Selbst wenn Ihnen dieser Sinn momentan noch nicht ersichtlich ist, können Sie darauf vertrauen, dass es einen Sinn gibt. Nichts geschieht ohne Grund.

Es ist auch kein Akzeptieren aus einer inneren Gleichgültigkeitshaltung heraus, weil Ihnen sowieso alles egal geworden ist. Es ist ein bewusstes Akzeptieren.

Mit diesem Akzeptieren tun Sie etwas ganz Entscheidendes: Sie lassen das Vergangene los! Sie entmachten es! Es hat damit keine Macht mehr über Sie!

Mit dem Loslassen der Vergangenheit lassen Sie nicht nur die Geschehnisse der Vergangenheit los, sondern gleichzeitig lösen Sie sich von all dem Ärger, der Verbitterung, dem Zorn und allem, was Ihre derzeitige Energie blockiert! Solange Sie sich von dem Vergangenen nicht gelöst haben, solange Sie an Ihrer Verbitterung, an Ihrem Hadern usw. festhalten, wird sich auch in Ihrem Leben nichts zum Positiven verändern. Also:

Lassen Sie Verbitterung und Ärger los! Lassen Sie die Vergangenheit los! Nur dann werden Sie frei!

Ohne Loslassen all der alten Dinge stehen Sie weiter im Nebel und können nicht die richtige Richtung für Ihr weiteres Leben erkennen.

Natürlich kann es sehr schwer sein, sich von dem Vergangenen zu lösen. Zu schmerzlich sind die Empfindungen, Gefühle und Erfahrungen aus der vergangenen Zeit, die Sie heute noch »im Griff« haben! Zu heftig mögen die Dinge gewesen sein, die Ihnen von anderen angetan wurden. Es ist auch nicht mein Ansinnen, die Erbärmlichkeit manch Verhaltens anderer Menschen in der Vergangenheit im Nachhinein zu verharmlosen oder zu ignorieren. Aber gerade weil es so erbärmlich war, soll es doch heute keine Macht mehr über Sie haben, nicht wahr? Wollen Sie mit dem Festhalten an den damit verbundenen Gefühlen das »Werk« derjenigen, die Ihnen etwas angetan haben, fortsetzen?

Das Festhalten an den erbärmlichen Taten anderer heißt, deren Werk an Ihnen heute fortzusetzen.

Wollen Sie das wirklich? Genau das tun Sie aber, wenn Sie noch heute an der Verbitterung und am Ärger durch Hadern festhalten!

Sie leiden heute nicht so sehr, weil Ihnen damals das eine oder andere angetan wurde, sondern Sie leiden unter der Verbitterung und am Ärger über diese Taten, die Sie noch nicht losgelassen haben! Die Ursache Ihrer unangenehmen Gefühle sind nicht die vergangenen Taten anderer, sondern liegt in Ihnen selbst in Ihrer Gegenwart! Dies mag sicherlich sehr provokant formuliert sein. Aber es soll sie auch provozieren in dem Sinne, dass Sie beginnen, sich Gedanken darüber in einer Art zu machen, wie Sie es bislang nicht gewohnt waren.

Nicht das Verhalten eines Menschen macht Sie fertig, sondern wie Sie darüber denken.

Es mag sehr, sehr schwer sein zunächst, aber Sie haben keine andere Wahl. Ohne Loslassen der Vergangenheit mit ihren unerfreulichen Bestandteilen können Sie Ihr Leben nicht in eine neue Richtung lenken. Sie können nicht mit derselben Strategie, mit der Sie sich in die Probleme hineinmanövriert haben, auch dort wieder herausfinden.

Das häufigste Hindernis am Loslassen ist der Einwand: »Ja, aber, der andere hat doch ...!!« Ja, er hat! Es ist, wie es ist. Loslassen heißt ja nicht, rechtfertigen oder für gut heißen! Loslassen heißt ja nicht, dass Sie die Tat als bedeutungslos ansehen sollen oder gar meinen, es selbst tun zu dürfen.

Etwas loslassen heißt nicht, etwas gutheißen!

Je mehr Sie an etwas festhalten, desto mehr schenken Sie diesem Etwas Ihre Aufmerksamkeit. Und dorthin, worauf sich Ihre Aufmerksamkeit richtet, fließt auch Ihre Lebenskraft.

Und so geschieht es immer wieder, dass die Lebenskraft bzw. die eigene Energie in Bereiche fließt, die unerfreulich sind und die durch diese Energiezufuhr mehr an Bedeutung und Einfluss gewinnen. Wenn dies zum Beispiel das schäbige Verhalten eines anderen Menschen war, dann wird dieses Verhalten durch den Betroffenen noch fortgesetzt, indem er es nicht loslässt. Gerade weil das Verhalten eines anderen schäbig war, brauchen Sie nun all Ihre eigene Energie, um aus den Folgen dieses Verhaltens wieder herauszukommen!

Es klingt so einfach: Loslassen. Das hat mit leichter werden zu tun, mit Erleichterung. So ist es auch. Es ist ein Abwerfen von unnötigem Ballast, der Ihnen derzeit noch Ihr Leben erschwert.

Loslassen heißt: Ballast abwerfen, frei werden.

Warum aber ist das Festhalten so verbreitet, wenn es doch solch negative Auswirkungen hat? Welchen Gewinn haben Sie bislang daraus gezogen?

Da ist natürlich die Bequemlichkeitshaltung: Die anderen sind schuld, die müssen sich ändern, ich kann gar nichts dafür. Das eigene Selbstmitleid hat ja auch etwas oberflächlich Tröstendes.

Der Blick auf das Verhalten anderer lenkt aber auch ab von den eigenen schmerzlichen Gefühlen. Die Probleme, die das Festhalten mit sich bringen, werden offenbar als das »kleinere Übel« angesehen. Ich habe bereits darüber im Kapitel über das »innere Kind« gesprochen.

Der Verzicht auf einen Sündenbock hat natürlich auch zur Folge, dass Sie sich mit Ihrem Schmerz nun allein fühlen, Sie können nicht mehr davon ablenken. Das mag auf den ersten Blick unangenehm sein, gewiss. Aber gleichzeitig bedeutet es auch einen Verzicht auf unerfreuliche Emotionen wie Ärger, Hass, Verbitterung, Hadern. Diese Emotionen wirken ja wie ein »Geschmacksverstärker«, die es Ihnen unmöglich machen, ein zufriedenes Leben zu führen.

Es stellt sich nun die Frage: Können Sie ein zufriedenes Leben führen, wenn Sie zwar auf diese »Geschmacksverstärker« verzichten, aber dennoch schmerzliche Gefühle aus der Vergangenheit in sich spüren? Sie werden die Antwort allmählich in diesem Buch finden: Ja, Sie können!

Auch Ihre schmerzlichen Gefühle gehören derzeit zu Ihrer Realität. Und Sie kennen ja nun den Umgang mit der Realität. Das Annehmen des eigenen inneren Schmerzes bewirkt letztlich, dass er an Schärfe verliert und dass die Wunden heilen, auch wenn dies eine Zeit lang dauern kann. Es ist so, als ob der Eiter endlich abfließen kann. Durch die vielen bisherigen Schuldzuweisungen haben Sie gar keine Möglichkeit gehabt herauszufinden, wo genau der Abszess denn lag.

Dies ist sicherlich eine Schwierigkeit: Um etwas loslassen zu können, müssen Sie zunächst wissen, was es ist! Es ist nicht immer einfach, den genauen Ursprung dessen, was Sie heute belastet, zu erkennen. Zu komplex mögen Ihnen die Geschehnisse der Vergangenheit erscheinen, zu dicht der Nebel, in dem Sie kaum Konturen erkennen können.

Es geht um das Erkennen Ihrer eigenen Blockaden, die das Fließen der Energie erschweren oder auch unmöglich machen. Diese Blockaden liegen manchmal tief in Ihrem Inneren, manchmal aber auch sehr deutlich sichtbar an der Oberfläche.

Wie können Sie nun Blockaden finden, die Ihnen noch nicht in diesem Maße bewusst sind? In vielen Fällen kann bereits ein Buch, wie Sie es momentan in der Hand haben, helfen. Es bietet sich aber auch eine Beratung bei einem Therapeuten oder Psychologen an, den Sie aufsuchen können. Es ist immer unglaublich hilfreich, gemeinsam mit einem neutralen und um die Zusammenhänge wissenden Menschen in die Vergangenheit zu schauen, um die Mechanismen, die zu Ihren Blockaden geführt haben, zu erkennen und zu begreifen. Auch gibt es gute Seminare und dynamische Meditationen, die Ihnen sehr helfen können, Kontakt mit Ihrem »inneren Abszess« zu bekommen.

Diese Schritte mögen Ihnen nicht einfach fallen oder Sie haben sogar Angst davor. Aber denken Sie daran:

Stoßen Sie die Tür auf, vor der Sie sich am meisten fürchten, denn dahinter wartet das Ende Ihrer Angst!

Sie werden dies wie eine tiefe Befreiung empfinden, die es Ihnen möglich machen wird, tief durchzuatmen und voller Zuversicht nach vorn zu schauen!

Der Psychologe und Autor Thorwald Dethlefsen beschreibt in seinem Buch *Schicksal als Chance* ein einfaches und überzeugendes Bild, das sehr schön veranschaulicht, was es heißt, etwas loszulassen:

Betrachten Sie die Vergangenheit als eine Wand. Solange Sie mit Ihrer eigenen Vergangenheit hadern, solange stemmen Sie sich mit aller Macht gegen diese Wand, weil Sie sich eben von dieser Wand bedroht fühlen. Sie stemmen sich dagegen, weil Sie die Befürchtung haben, die Wand könnte über Sie hereinbrechen. Wenn Sie mit Ihrer Schulter sich dagegen stemmen, spüren Sie aber an Ihrer Schulter einen Gegendruck. Sie haben das Gefühl, dass diese Wand mit gleicher Kraft zurückdrückt. Drücken Sie stärker, wird auch der Gegendruck stärker und umso stärker wird Ihre Befürchtung, die Wand könnte Sie doch noch erschlagen. Sicherlich beklagen Sie sich auch darüber, dass die Wand so stark gegen Sie drückt. Sie sind davon überzeugt, so stark gegen die Wand drücken zu müssen, weil Sie den Gegendruck spüren und sich davor fürchten, von der Wand erschlagen zu werden. Ich kann Sie nur ermuntern, dies einmal konkret in Ihrer Wohnung zu tun! Sie werden nach einiger Zeit ermattet aufhören, es hat Sie viel Kraft und Energie gekostet. Fehlt Ihnen nicht diese Energie?

Wie sieht die Lösung dieser anstrengenden Situation aus? Haben Sie doch mal den Mut, die Wand loszulassen und nicht mehr gegen sie zu drücken! Treten Sie ein paar Schritte zurück! Was passiert? Sie sehen das Wunder: Die Wand erschlägt Sie nicht! Sie bleibt einfach stehen. Und Sie selbst spüren keinen Gegendruck mehr. Weiter noch: Sie behalten Ihre Kraft, Ihre Energie! Außerdem können Sie nun, da Sie ein paar Schritte zurückgetreten sind, die ganze Wand viel besser überblicken und möglicherweise in einer gewissen Entfernung eine Tür sehen, durch die Sie hindurchgehen können. Diese Tür konnten Sie ja, als Sie direkt an der Wand standen und sich gegen sie stemmten, gar nicht sehen!

Wenn Sie es also akzeptieren, dass da eine Wand steht, brauchen Sie nicht gegen sie zu drücken und werden auch nicht von ihr bedroht. Dann behalten Sie Ihre Energie und sind frei dafür zu schauen, welchen Weg Sie gehen können!

Das Festhalten an der Vergangenheit ist wie ein Stemmen gegen eine Wand.

Das Loslassen der Vergangenheit ist etwas elementar Wichtiges, um Ihr Leben nach Ihren Vorstellungen erfolgreich zu gestalten, wie immer Sie das Wort »erfolgreich« auch definieren mögen. Weil es so wichtig ist, wiederhole ich am Schluss dieses Kapitels:

Es ist, wie es ist. Ich akzeptiere, wie es ist. Ich gehe den nächsten Schritt.

Wenn Sie dies verinnerlichen und in Ihre Gedankenwelt integrieren, wird sich Ihr Leben dauerhaft positiv verändern. Und das ist ja letztlich Ihr Ziel.

Loslassen

Ballast abwerfen und frei für eine konstruktive Lösung werden

- Festhalten am Hadern, Ärgern und Kämpfen mit den konkreten Umständen der Realität kann diese Realität nicht positiv verändern. Es bedeutet Festhalten an leidvollen Erfahrungen. Leiden Sie gern?
- Festhalten an den unguten Taten anderer heißt, deren ungutes Werk an sich selbst fortzusetzen.
- Nur wenn Sie aufhören zu hadern, den Ärger aufgeben und den Kampf beenden, erhalten Sie Gelassenheit und Energie, die Realität für die Zukunft positiv zu verändern.
- Es ist, wie es ist. Ich akzeptiere, wie es ist. Ich gehe den nächsten Schritt.
- Die Realität akzeptieren heißt nicht, sie gutzuheißen, sondern sie als Herausforderung anzunehmen.
- Nicht das Verhalten eines Menschen und eine Situation machen Sie fertig, sondern wie Sie darüber denken.
- Loslassen der bisherigen Verhaltensweisen bedeutet die eigene Entscheidung, mit dem Leiden aufzuhören.
- Das Erkennen der bisherigen Verhaltensweisen, der eigenen emotionalen Blockaden, ist eine wichtige Voraussetzung für das Loslassen.

Polarität des Lebens

Leben ist Schwingung und Rhythmus zwischen beiden Polen

Sie haben bislang einiges über das Akzeptieren und Loslassen der Geschehnisse in der Vergangenheit und der Gegenwart gelesen. Um die ganze Tragweite und Bedeutung für Ihr Leben zu erkennen, ist es wichtig, sich einige weitergehende, grundsätzliche Gedanken über das Leben in dieser Welt zu machen. Diese Gedanken sind wichtig, um Vergangenheit und Gegenwart besser verstehen zu können.

Viele Menschen beklagen sich über das Leben allgemein und über ihr eigenes Leben speziell. Sie kennen sicherlich die üblichen Aussprüche, die in diesem Zusammenhang gemacht werden, wie »Das Leben ist schwer«, die bei erster, flüchtiger Betrachtung des Lebens auch durchaus nachvollziehbar sind. Zu viele Dinge geschehen, die Ihnen unverständlich bleiben, die Sie nicht begreifen können. So bleibt Ihnen das Leben oft rätselhaft.

Der Mensch braucht meist Erklärungen für Dinge, die er nicht versteht, und so wird auch versucht, die undurchsichtigen Mechanismen im Leben zu durchschauen. Dieser Versuch schlug bislang meist fehl und so blieb nichts anderes übrig, als eben diese Sätze wie »Das Leben ist ungerecht« zu sagen. Verbunden ist dies oft mit einem Gefühl der Resignation und des Fatalismus: Man hat es eben zu ertragen.

Darüber hinaus beinhaltet diese Einstellung auch eine gewisse Bequemlichkeit. Da man das Leben eben als ungerecht empfindet, kann man sich damit sehr schön der eigenen Verantwortung für das Gestalten des eigenen Lebens entziehen. »Ich kann ja nichts dafür!« Wie oft höre ich diesen Satz!

Solch eine Einstellung aufzugeben heißt aber auch, die Möglichkeit der eigenen Gestaltung des Lebens zumindest in Betracht zu ziehen. Dies beinhaltet aber auch zu erkennen, dass man selbst ein gutes Stück Macht über das eigene Leben hat! So etwas wirkt bereits wie ein leichter auffrischender Wind im Inneren. Dazu ist es jedoch zunächst notwendig, einige prinzipielle Zusammenhänge im Leben zu erkennen. Ich werde Ihnen die Möglichkeit geben, nichts Geringeres zu begreifen, als das »Geheimnis des Lebens«. Und dies ist zudem nichts Kompliziertes, sondern etwas, was durchaus verständlich sein wird. Dies ist in der Tat ein hoher Anspruch und Sie werden neugierig darauf sein.

Es gibt eine Erkenntnis über das Leben, die schon im Altertum bekannt war, und der Sie sich immer bewusst sein sollten:

Das Leben besteht aus Gegensätzlichkeiten.
Das Leben besteht in der Polarität.

Alles, was auf der Erde, aber auch im Universum existiert, besteht aus zwei gegensätzlichen Polen. Diese gegensätzlichen Pole sind ständig vorhanden, auf allen, aber auch wirklich allen Ebenen. Es gibt hell und dunkel, heiß und kalt, oben und unten, nass und trocken, rechts und links, groß und klein, gut und böse: Die Liste erscheint endlos.

Die Feststellung dieser Gegensätzlichkeiten erscheint zunächst als selbstverständliche Banalität. Sie ist uns so weit bestens vertraut. Und dennoch lohnt es sich, hier genauer hinzuschauen auf die Hintergründe dieser Gegensätzlichkeiten und deren Konsequenzen für unser Leben in dieser Welt. Hier gibt es spannende Zusammenhänge zu entdecken!

Diese Gegensätzlichkeit bzw. Polarität ist ein wichtiges Grundprinzip allen Lebens auf dieser Erde. Sie schließt sämtliche Erscheinungsformen des Lebens mit ein. Die eben begonnene Liste lässt sich ja noch fortsetzen: aktiv und passiv, glücklich und traurig, tot und lebendig, gut und böse usw.

Wenn nun aber alles, was auf dieser Erde und im Universum existiert, polar, also gegensätzlich ist, dann muss es doch entsprechend diesem Polaritätsgesetz etwas geben, was *nicht* polar ist! Wenn die Polarität der eine Pol ist, dann muss es auch einen anderen Pol der Nicht-Polarität geben. Dieser andere Pol ist die Einheit. Wir alle kennen diese Einheit: Wir nennen sie Gott.

Wenn es denn die Welt der Polarität und die Welt der Einheit gibt, wie kam es zu der Spaltung? Wie kam es zu der Polarität? Wie entstand diese Welt so, wie sie gegenwärtig ist? Dies ist eine gewaltige Frage. Hier finden Sie nun eine Möglichkeit, der Antwort auf diese Frage ein bisschen näher zu kommen. Ich sage bewusst *Möglichkeit*, weil ich Ihnen nichts überstülpen will und es Ihnen überlasse, eigene Vorstellungen bzw. Überzeugungen zu entwickeln.

Die Entstehung unserer Welt ist sicherlich ein Mysterium, ein für uns bislang unbegreifliches Ereignis. Das war auch unseren Vorfahren bewusst und so haben sie die Entstehung unserer Welt mit starken symbolhaften Geschichten beschrieben. Sie finden sie z.B. am Anfang der Bibel mit der altbekannten Episode der Vertreibung aus dem Paradies. Das Paradies war das Symbol für die Welt der Einheit, der Vollkommenheit. Adam und Eva wollten nun den Apfel vom »Baum der Erkenntnis« essen, sie wollten wissen, was »gut und böse« ist, sie wollten also die Welt der Polarität kennen lernen. Dies geschah dann auch. Sie haben die Welt der Einheit verlassen müssen und sind in die Welt der Polarität eingetreten, also in die jetzige Welt. Wenn Sie mögen, können Sie sich durch ein Wortspiel auch den Begriff der »Sünde« erklären. Kann es sein, dass dieses Wort aus der »Absonderung von der Einheit« stammt, wo die Buchstaben »sond« später zur »Sünde« wurden? Beschreibt dieses Wort nicht lediglich den Gegenpol zur »Einheit«? Darüber mag man spekulieren.

Mit dem Wissen um die Polarität können aber bereits Probleme beginnen. Es ist Ihnen ja sicherlich die Überzeugung bekannt, dass sich Gegensätze einander ausschließen. Dies ist auch zunächst vollkommen einleuchtend. Es kann ja nicht gleichzeitig hell und dunkel sein, heiß und kalt, groß und klein usw. Das Problem liegt nun darin, dass es etwas geben soll, das uns gar nicht möglich erscheint! Wie soll es eine Welt der Gegensätzlichkeit geben, wenn sich Gegensätze einander ausschließen?

Der Schlüssel zu einer Antwort liegt in der menschlichen Eigenschaft, Gegensätze nicht gleichzeitig wahrnehmen zu können. Wir können nicht hell und dunkel gleichzeitig wahrnehmen, nass und trocken gleichzeitig spüren. Wir können auch Gegensätze nicht gleichzeitig realisieren! Wir können nicht gleichzeitig nach links und rechts gehen, gleichzeitig aktiv und passiv sein, gleichzeitig tot und lebendig sein!

Wie ist es also möglich, dass es etwas geben soll, was es gar nicht geben kann? Die Antwort ist in dem Wort »gleichzeitig« enthalten. Was »gleichzeitig« nicht geht, ist »nacheinander« durchaus möglich. Es ist natürlich ohne weiteres möglich, nacheinander kalt und warm zu empfinden, aktiv und passiv zu sein usw. Dies bringt Sie zu der nächsten Erkenntnis:

Leben ist Wechsel zwischen beiden Polen.
Leben ist Rhythmus zwischen beiden Polen.

Es sind also beide Pole notwendig, um ein Schwingen, einen Rhythmus dazwischen möglich zu machen, den wir Leben nennen.

Sie können nun angesichts der beiden Pole »glücklich und traurig« fragen, ob es nicht möglich sein kann, nur einen Pol im Leben zu realisieren. Diese Frage erscheint sehr nachvollziehbar. Nur den Pol des Glücklichseins zu haben, diese Vorstellung ist durchaus reizvoll.

Sie ahnen sicherlich die Antwort: Dies ist nicht möglich!

Der eine Pol ist nämlich ohne den anderen nicht möglich. Die beiden Pole bedingen einander. So kann nur etwas »heiß« sein, wenn es auch etwas gibt, das »kalt« ist. Wenn alles in der Welt z.B. eine Temperatur von achtzig Grad hätte, dann wäre diese Temperatur der reale Zustand der Welt, ohne dass es einer zusätzlichen Beschreibung bedürfte. Zu der Beschreibung »heiß« kann es nur kommen, wenn es auch etwas gibt, das z.B. nur zehn Grad hat, also »kalt« ist.

Ein für Sie schön nachvollziehbares Beispiel ist der Rhythmus des eigenen Atems. Es besteht ein ständiger Rhythmus zwischen Einatmen und Ausatmen. Ohne ein Einatmen wäre ein Ausatmen nicht möglich und umgekehrt. Sie können nicht nur einatmen.

Der positive Pol existiert nur, weil es einen negativen Pol gibt!

Was geschieht nun, wenn Ihnen der eine Pol nicht gefällt und Sie ihn deshalb wegnehmen? Sie wissen es: Dann ist der andere Pol auch nicht mehr da. Dies bedeutet zunächst: ohne Dunkelheit keine Helligkeit, ohne Höhe keine Tiefe, ohne Hitze keine Kälte. Es bedeutet aber auch: ohne Aktivität keine Passivität, ohne Festhalten kein Loslassen, ohne Bösartigkeit keine Gutartigkeit, ohne Gesundheit keine Krankheit, ohne Trauer kein Glück, ohne Tod kein Leben.

Sehr anschaulich macht diese Zusammenhänge das Phänomen des elektrischen Stroms. Hier werden auch die Konsequenzen der Polarität auf Ihr Leben erkennbar. Es wird deutlich, warum das Akzeptieren der Polarität so wichtig sein kann.

Beim elektrischen Strom finden Sie einen positiven und einen negativen Pol. Diese beiden Pole bedingen einander, der eine ist ohne den anderen nicht möglich. Nehmen Sie den positiven Pol weg, existiert kein negativer Pol mehr und umgekehrt. Wenn nun beide Pole notwendig sind, was ist denn der Sinn dieser beiden Pole? Warum reicht nicht nur ein Pol?

Ich habe bereits den Rhythmus zwischen den beiden gegensätzlichen Polen angesprochen. Dieses ist uns beim Strom, besonders dem gebräuchlichen Wechselstrom, ganz geläufig. Es besteht ein ständiger Wechsel zwischen dem positiven und dem negativen Pol. Und dieser Wechsel bewirkt etwas ganz Wichtiges: Aus diesem Wechsel zwischen den Polen, aus dem Spannungsfeld zwischen den beiden Polen resultiert Kraft und Energie!

Das Spannungsfeld und der Wechsel zwischen den gegensätzlichen Polen bewirken Kraft und Energie.

Diese Energie, die aus dem Spannungsfeld der beiden elektrischen Pole kommt, ist aus unserer Welt nicht mehr wegzudenken. Was diese Energie zu bewegen vermag, wissen Sie. Diese Energie ist aber nur dann vorhanden, wenn beide Pole vorhanden sind.

Ich komme noch einmal zurück auf das Beispiel des menschlichen Atmens. Hier ist der ständige Wechsel zwischen Einatmen und Ausatmen wichtig, ja, »lebens«wichtig! Wir können nicht *nur* einatmen oder nicht *nur* ausatmen, dann könnten wir nicht mehr leben. Erst der Rhythmus zwischen den beiden Atmungspolen macht ein Leben möglich!

Was für jeden nachvollziehbar am Beispiel des elektrischen Stroms und des Atmens erscheint, lässt sich natürlich auch auf alle anderen Bereiche des Lebens übertragen. Genauso wenig, wie Sie nur den positiven Pol des Stroms nutzen können oder genauso wenig, wie Sie nur einatmen können, genauso wenig können Sie nur Gesundheit und Glück erleben. Der positive elektrische Pol ist vom negativen Pol abhängig, das Einatmen ist vom Ausatmen abhängig, die Krankheit ist von der Gesundheit abhängig und ebenso sind Glück und Freude von Trauer und Leid abhängig. Erst der ständige Wechsel zwischen diesen Polen macht das Leben im wirklichen Sinn möglich. Löschen Sie diesen Rhythmus aus, so erlischt auch das Leben.

Wenn Sie diese Erkenntnis vom Prinzip des Rhythmus des Lebens verinnerlicht haben und wissen, dass beide Pole nur deshalb existieren, weil es den jeweils anderen Pol gibt, dann werden Sie spüren, wie allmählich sich in Ihnen eine bisher nicht gekannte Ruhe und Gelassenheit ausbreitet. Sie haben keine Furcht mehr und wissen, dass alles seine Existenzberechtigung hat. Sie müssen nicht mehr gegen den negativen Pol wie gegen eine Wand kämpfen, weil Sie genau wissen, dass der positive Pol nur durch ihn möglich ist. In dieser Gelassenheit und Ruhe können Sie noch mit größerer Überzeugung die bekannten Sätze sprechen: Es ist, wie es ist. Ich akzeptiere, wie es ist. Ich gehe den nächsten Schritt.

Nicht mehr gegen die Wand der Realität, gegen die Wand der Polarität kämpfen zu müssen, heißt auch, sich mit der Realität, zu der auch Ihre Vergangenheit gehört, auszusöhnen.

Ich hatte das Hadern, das Kämpfen, den Ärger wiederholt angesprochen. Wie oft haben Sie Widerstand gegen die Realität geleistet? Wenn Sie an den elektrischen Strom denken, dann können Sie sich den Widerstand konkret vorstellen. Ein Widerstand in einem elektrischen Stromkreislauf lässt eben diesen Strom schlechter fließen oder sogar blockieren. Der Energiefluss wird gebremst oder blockiert.

Können Sie sich vorstellen, dass der Energiefluss in Ihrem Leben auch durch Ihren Widerstand gebremst oder blockiert wird?

Widerstand gegen die Realität bremst oder blockiert die Energie im Leben.

Das Akzeptieren der Realität bedeutet eine Aussöhnung mit der Realität. Dies hebt den Widerstand auf und die Energie kann wieder fließen. Diese Energie wird von Ihnen doch so dringend benötigt!

Das Wissen und Spüren, dass die Energie wieder fließt und die damit verbundene Aussöhnung mit der Realität verschafft Ihnen einen bislang unbekannten inneren Frieden. Hieraus erst entsteht Ihre wahre Lebenskraft, mit der Sie Ihren weiteren Weg gehen können.

Akzeptieren der Vergangenheit und Realität bringt Ihnen inneren Frieden, Energie und ein erfülltes Leben.

Zu dem Akzeptieren, dem bewussten Annehmen der Realität gehört nun eben auch das Akzeptieren der unerfreulichen Dinge. Das Wissen um die Polarität im Leben lässt es Ihnen sicherlich leichter erscheinen, auch die negativen Pole zu akzeptieren, weil Sie wissen, dass diese für den Rhythmus des Lebens notwendig sind.

Akzeptieren heißt ja nicht gutheißen. Den negativen Pol können Sie getrost auch als negativ benennen. Dies ist deshalb kein Freibrief für unrechtes Verhalten. So gehört ein begangenes Verbrechen zur Realität und es ist sinnlos, dies nicht zu akzeptieren. Das heißt aber natürlich nicht, dass Sie dies als gut und richtig erachten sollen. Mit der Energie, die durch das Akzeptieren frei wird, sind erst Aktivitäten möglich mit dem Ziel, Verbrechen künftig zu reduzieren.

Natürlich gilt dies auch im Kleinen. Wie oft hat schon das Nichtakzeptieren einer für Sie unangenehmen Situation, das Hadern und Ärgern, Sie daran gehindert, konstruktiv diese unangenehme Situation zu verändern und eine Lösung für das Problem zu finden? Hat nicht schon oft Ihr Ärger über etwas es Ihnen unmöglich gemacht, einen klaren Kopf zu behalten?

Gerade in problematischen Situationen brauchen Sie Ihre Energie und die Klarheit Ihres Blickes. Durch das Akzeptieren der Polarität und der Realität wird Ihnen dies möglich sein.

Wenn nun der negative Pol zum Rhythmus unseres Lebens gehört, dann heißt das, dass eben die negativen Erscheinungen in unserem Leben unabdingbar notwendig sind. Da es Ihr derzeitiges Interesse sein mag, die negativen Pole in Ihrem Leben auszulöschen, stellt sich die Frage: Geht das? Können Sie die negativen Pole eliminieren, ohne damit das Fließen der Energie im Leben auszulöschen?

Diese Versuche werden unternommen, seit es selbständig denkende Menschen gibt. Denken Sie z.B. an die Medizin. Die Behandlung von Krankheiten geht zwar von der selbstverständlichen Annahme aus, dass es Krankheiten gibt. Somit bewegt man sich noch im Spannungsfeld der Polarität. Nun gibt es jedoch auch Bemühungen, sei es durch Bekämpfen von Krankheiten, sei es durch die vorbeugende Medizin, Krankheiten erst gar nicht mehr entstehen zu lassen, d.h. diese Polarität aufzuheben. Wie erfolgreich waren bislang diese Bemühungen? Ist es nicht viel wichtiger, den Sinn hinter der Krankheit zu verstehen? Thorwald Dethlefsen und Rüdiger Dahlke formulieren in ihrem Buch *Krankheit als Weg* den Satz: »Wir sind nicht dazu aufgerufen, Krankheiten zu bekämpfen, sondern sie zu verstehen.« Wie kann man etwas verstehen, das man bekämpft? Erst im Akzeptieren und Verstehen der Sinnhaftigkeit von Krankheiten und der damit verbundenen Polarität besteht letztlich die Chance, Krankheiten den Nährboden zu entziehen, also eine echte Heilung zu erzielen.

Steht nicht der Versuch, die Polarität des Lebens aufzuheben, im Mittelpunkt vieler menschlicher Bemühungen? Ist es nicht das Ziel der Menschen, negative Pole wie Leid, Trauer, Bösartigkeit, Verluste etc. zu eliminieren? Ist nicht die Geschichte der Menschheit eine Geschichte der Versuche, diese negativen Pole auszulöschen? Welche Erfolge sind hierbei zu verzeichnen?

Ist es nicht legitim oder sogar notwendig, in Anbetracht der Erfolglosigkeit der bisherigen Strategie über eine neue nachzudenken? Ich bin sehr erstaunt darüber, dass dieses Nachdenken über eine neue Lebensstrategie in unserer heutigen westlichen Gesellschaft bislang kaum stattgefunden hat.

Eine neue Strategie könnte heißen:

Es ist nicht unsere Aufgabe, die negativen Pole der Polarität zu bekämpfen, sondern sie anzunehmen und zu verstehen.

Nur durch Verstehen und Annehmen der Polarität wird es möglich sein, sie letztlich zu überwinden. Wie dies geschehen kann, berührt sehr zentrale und persönliche Überzeugungen eines jeden Menschen, mit denen sehr behutsam umgegangen werden sollte. Ich selbst kann an dieser Stelle nur rein persönliche Haltungen und Überzeugungen wiedergeben. Jeder mag sich seine eigenen Gedanken machen.

Die Polarität zu überwinden heißt ja im Grunde, sie aufzuheben. Dann wären wir wieder in der Einheit, aus der wir gekommen sind. Ist das nicht das Ziel letztlich aller Religionen oder auch letztlich das Ziel aller Menschen? Wie diese Polarität letztlich *konkret* überwunden werden kann, gehört sicher zu den Geheimnissen des Lebens, zu denen wir uns hinentwickeln können.

Mein eigener Beitrag zur Überwindung der Polarität kann nur bei mir selbst beginnen, bei meinem »Ich«. Wenn es ein »Ich« gibt, gibt es auch den Gegenpol, das »Nicht-Ich«, das ist alles das, was um mich herum ist, auch die anderen Menschen. Wie kann ich die Polarität, die Grenze zwischen dem »Ich« und dem »Nicht-Ich« überwinden? Für mich persönlich gibt es nur eine Antwort: durch die Liebe.

Polarität des Lebens

Leben ist Schwingung und Rhythmus zwischen beiden Polen

- Das Leben in der Einheit nennen wir Paradies.
- Das Leben in dieser Welt besteht aus Gegensätzlichkeiten bzw. in der Polarität und ist der Gegenpol der Einheit. Die Einheit selbst nennen wir Gott.
- Jeder Pol kann nur existieren, weil es den anderen Pol gibt.
- Leben ist ohne Tod nicht denkbar, ebenso wenig ist Freude ohne Trauer möglich.
- Widerstand gegen diese Polarität bewirkt eine Blockierung der Lebensenergie.
- Akzeptieren des negativen sowie des positiven Poles lässt die Energie wie im Stromkreislauf fließen.
- Versuche, durch ausschließliches Streben nach einem glücklichen Leben den negativen Pol des Lebens auszulöschen oder diesen zu vermeiden, erzielen meist keine Erfolge.
- Es ist nicht unsere Aufgabe, die negativen Pole des Lebens zu bekämpfen, sondern sie anzunehmen und zu verstehen.
- Der Sinn des Lebens kann darin bestehen, diese Polarität letztlich zu überwinden.
- Der eigene Beitrag dazu kann die Überwindung der Polarität zwischen dem »Ich« und dem »Nicht-Ich« (also den anderen Menschen) durch die Liebe sein.

Schicksal

Das Leben selbst zeigt Ihnen immer wieder Ihre Aufgaben

Das Wort »Schicksal« ist für Menschen, die sich Problemen und Konflikten gegenübersehen, die in ihrem Leben nicht zurechtkommen und viel leiden, das Reizwort schlechthin! Die meisten Menschen sprechen vom »bösen« Schicksal, vom »ungerechten« Schicksal und sind der festen Meinung, dass man diesem ohnehin nicht entgehen könne.

Besonders wird immer wieder »das Schicksal« angesprochen, wenn es um das eigene Leid geht. Überraschend ist in diesem Zusammenhang, dass das Schicksal meist nur dann erwähnt wird, wenn es um leidvolle Erfahrungen im Leben geht. Ich habe es selten erlebt, dass vom Schicksal gesprochen wird, wenn es um freudvolle Ereignisse geht!

Sie haben bereits im Kapitel *Schuldzuweisungen* darüber gelesen, dass wir oft dabei sind, anderen Menschen die Verantwortung für unsere Probleme zu geben. Andere sind schuld daran, dass wir leiden! Wie oft aber geben Sie dem Schicksal die Schuld daran, wie es Ihnen geht? Wie oft denken Sie, Ihr eigenes Schicksal sei verantwortlich dafür, dass Sie leiden, dass Sie nicht zurechtkommen? (In diesem Zusammenhang ist es gleichgültig, ob Sie von Gott, vom Schicksal, vom Kosmos, vom Leben oder ähnlichem sprechen: Es ist immer dasselbe gemeint.)

Auch hier findet wieder ein wunderbares Ablenkungsmanöver von den eigentlichen Ursachen der gegenwärtigen Probleme statt. Es drückt gleichzeitig eine gewisse Bequemlichkeitshaltung aus. Da Sie ja das Opfer eines ungerechten Schicksals sind, brauchen Sie sich um die wahren Hintergründe und Ursachen Ihrer Lage nicht mehr zu kümmern. Hier ist sie wieder: die Opferrolle, die ich bereits beschrieben habe! Sie haben zwar Ihrer Opferrolle in Ihrem Leben bislang nichts Positives zu verdanken gehabt, und dennoch: Sie halten an Ihrer Rolle fest! Opferrolle heißt auch: Leidensrolle. Und da Sie daran festhalten, erinnere ich Sie an die bereits erwähnte Frage: Leiden Sie gern? Wenn Sie nicht gern leiden, warum halten Sie dann an dieser Rolle fest, die Sie bislang nicht aus dem Leid herausgeführt hat? Auch hier gilt:

Die beste Garantie dafür, dass sich an Ihren Problemen nichts ändert, ist, das Schicksal dafür verantwortlich zu machen.

Solange Sie die Ursachen Ihrer Lage außerhalb von sich selbst suchen, wird sich an Ihrer Lage nichts ändern! Sie sind gewiss nicht Opfer Ihres Schicksals und schon gar nicht eines »ungerechten« Schicksals! Eine Opferrolle übernehmen heißt: passiv sein und Macht über das eigene Leben abgeben. Eine Opferrolle ablegen heißt: aktiv sein und Macht über das eigene Leben zurückgewinnen. Für welche Möglichkeit entscheiden Sie sich?

Eine Abhängigkeit vom Schicksal wird von Menschen empfunden, solange es Menschen auf der Welt gibt. Und da man annahm, vom Schicksal abhängig zu sein, entstand der nachvollziehbare Wunsch, den »Inhalt« des Schicksals genauer kennen zu lernen. Denn das Gefühl der Abhängigkeit beinhaltet ja gleichzeitig ein Gefühl des Ausgeliefertseins, der Ungewissheit über die Zukunft, der Unberechenbarkeit und damit auch das Gefühl der Angst.

Das Schicksal »lesen« zu können, ist deshalb ein Wunsch von Menschen seit alters her. Man wollte die Angst loswerden und die Zukunft etwas berechenbarer machen. Die bekannteste Methode ist die Astrologie, die mit dem Horoskop (aus dem Griechischen: »die Stunde schauen«) dies versuchte und auch heute noch versucht. Von der ursprünglichen Bedeutung und Aufgabe der Astrologie ist heute jedoch kaum etwas übrig geblieben, dafür sind manch abenteuerlich anmutende Auswüchse zu erkennen. Es gibt eine Fülle anderer Versuche wie das Handlesen, das Kartenlegen, das Pendeln und vieles mehr, die aber alle nur dasselbe ausdrücken. Es ist der Wunsch nach Kenntnis des eigenen Schicksals, jedoch meist nur aus dem einen Grund: der Angst vor dem Ausgeliefertsein und der Annahme, selbst doch nichts tun zu können.

Es gibt noch ein anderes Wort, das in diesem Zusammenhang oft gebraucht wird und das einen ähnlichen Hintergrund hat: der Zufall. Auch dieses Wort wird oft verwendet und als Ursache der gegenwärtigen Lage angesehen: Ich kann ja nichts dafür, es war eben Zufall.

Was nun eigentlich ist der so genannte »Zufall«? Gibt es ihn überhaupt? Kann die Welt, kann das Universum existieren nach dem Prinzip des Zufalls? Menschen brauchen immer eine Erklärung für Dinge, die sie nicht verstehen. Und wenn Dinge geschehen, die nicht verstanden werden, deren Ursachen unklar sind, dann war es eben der »Zufall«.

Das Wort »Zufall« ist eine Erfindung von Menschen, die die wahren Ursachen der Ereignisse nicht kennen.

Es gibt für alles, was geschieht, eine Ursache, ob Sie sie kennen oder nicht. Der Volksmund sagt ganz richtig: Von nichts kommt nichts!

Wenn Sie sich das Wort genau anschauen, können Sie auch sagen: Es gibt keinen »Zufall«, wohl aber Dinge, die Ihnen »zufallen«. Die Gründe für dieses »Zufallen« sind vielfältig und liegen tatsächlich oft im Dunkeln. Das heißt aber nicht, dass keine Gründe vorhanden sind! Das Faszinierende an diesen Gründen ist es, dass Sie diese Gründe mitgestaltet haben in der

Vergangenheit und künftig mitgestalten können. Hier spreche ich wieder die Macht bzw. die Möglichkeit der Einflussnahme auf Ihr eigenes Leben an. Das Instrument, dessen Sie sich bedient haben und künftig gezielter bedienen werden, sind Ihre Gedanken. Darüber lesen Sie später ausführlicher.

Was aber nun ist »das Schicksal«? Laut *Brockhaus* ist Schicksal die »Bezeichnung für die Erfahrung, dass vieles, was dem Menschen widerfährt ... nicht Resultat menschlichen Wollens und Handelns, sondern ihm ›von außen‹ auferlegt ist.« Erkennen Sie es? Mit dieser Definition wird ganz deutlich darauf hingewiesen, dass Menschen sich als »Opfer des Schicksals« betrachten, so als ob sie diese Erfahrungen aus eigener Kraft nicht verändern können. Weil die eigenen Anteile an den Geschehnissen meist im Dunkeln bleiben, wird dem Schicksal die Verantwortung an den Ereignissen zugeschoben.

Da ich keine langen oder philosophischen Betrachtungen über das Schicksal schreibe, will ich Sie nun einfach mit meiner Überzeugung konfrontieren. Betrachten Sie es als Einladung es genauso zu sehen, oder auch anders.

Schicksal ist die Aufstellung Ihrer Lebensaufgaben.

Ich bin davon überzeugt, dass jeder Mensch hier auf der Welt ist, um bestimmte Aufgaben zu erfüllen, bestimmte Vorhaben zu erledigen und bestimmte Dinge zu lernen. Das Schicksal ist eine Art »Lebensbuch« mit der Liste dieser Aufgaben. Jeder Mensch bringt sein eigenes »Lernpensum« mit.

An diese Möglichkeit denken viele Menschen nun gar nicht gern, haben sie doch den verständlichen Wunsch nach Glück, Zufriedenheit, Freiheit etc. Und nun ist die Rede von Lernpensum, von Aufgaben, also von Dingen, die Sie sicherlich an Ihre Schulzeit erinnern und das sind ja meist nicht die angenehmsten Erinnerungen.

Ich höre oft von einer Erwartungshaltung, manchmal sogar von einer Anspruchshaltung: »Ein schönes Leben steht mir zu!«. Es muss die Frage gestellt werden: Woher leitet der Mensch eigentlich den Anspruch ab, sich hier auf der Welt in aller Bequemlichkeit von der Sonne bescheinen zu lassen? Ich selbst kenne keine Quelle, keinen Hinweis, keine Begründung darauf, dass dies ein realistischer oder gar legitimer Anspruch ist!

Dies ist aber dennoch eine Überzeugung, die in vielen Köpfen und vielen Herzen fest verwurzelt ist. Und so wird dies zum Ziel im Leben gemacht. Es wird ein Zustand angestrebt, in dem man, wie erwähnt, »in aller Bequemlichkeit die Sonne genießen kann«. Dieses Ziel ist absolut verständlich und nachvollziehbar. Und so wird es mit großer Intensität und Beharrlichkeit angesteuert. Es werden Energien darin investiert, die man nur bewundern kann. Wenn jedoch nur ein Teil dieser Bemühungen, den Genuss im Leben direkt anzusteuern, zur Lösung der Konflikte zwischen den Menschen in der Welt aufgebracht werden würde, sähe es sicherlich schon ganz anders aus. Dann wäre ein großer Teil dieses Wunsches Realität!

Ich will Ihnen das Ziel eines schönen Lebens nicht »madig« machen, im Gegenteil! Das Wort, das zur Lösung führt, ist das Wort *direkt*. Halten Sie doch einmal inne und schauen Sie auf Ihre eigenen Bemühungen, das »schöne Leben« *direkt* anzusteuern und welche Ergebnisse diese Bemühungen gebracht haben. Die Frage ist nun: Wer bestimmt die Ereignisse im Leben? Sind diese Ereignisse vorbestimmt? Es geht hier um die Frage, ob der Mensch nun frei ist in seiner Lebensgestaltung oder ob sein Weg mit all den Ereignissen vorherbestimmt ist. Bestimmt nun das Schicksal Ihr Leben? Oder können Sie es frei gestalten?

Die Fragen sind meines Erachtens falsch gestellt. Da Sie in einer Welt der Polarität leben, ist natürlich beides richtig. Wenn Sie sich an die Grundzüge der Polarität erinnern, wissen Sie, dass beide Pole einander ergänzen, voneinander abhängig sind.

Wir haben die Freiheit erhalten, uns selbst entscheiden zu können, was wir denken und tun. Dies kann jedoch nicht im »luftleeren« Raum geschehen. Wir brauchen Entscheidungsgrundlagen bzw. verschiedene Möglichkeiten zur Entscheidung. Diese werden uns durch das Schicksal, durch unsere Aufgabenliste zur Verfügung gestellt. Um aber darüber entscheiden zu können, diese Aufgaben zu erfüllen oder auch nicht, brauchen wir die Freiheit der Entscheidung.

So können wir die Freiheit in unserem Leben nur haben, wenn wir uns unseren Aufgaben stellen. Und den Aufgaben können wir uns nur stellen, wenn wir frei sind.

Das Schicksal zeigt uns unseren Weg mit all den Aufgaben und dem Lernpensum. *Das ist unsere Vorbestimmung.* Ob und wie wir diesen Weg gehen, ob und wie wir unsere Aufgaben erledigen und ob und wie schnell wir lernen, das ist unsere eigene Entscheidung. *Das ist unsere Freiheit.*

Schicksal ist also nichts, was Ihnen übergestülpt wird, sondern die Instanz, die dafür sorgt, dass Sie an Ihre Aufgaben im Leben erinnert werden. Schicksal ist also nichts, wovor Sie sich fürchten müssen.

Es ergeben sich nun weitere Fragen, deren Antworten sicherlich (zunächst) unklar bleiben werden. Warum ist eine solche Instanz wie das Schicksal überhaupt notwendig? Welche Bedeutung, welches Ziel hat diese Instanz? Ist es wirklich so, dass wir Menschen hier bestimmte Aufgaben zu erledigen haben? Was für Aufgaben könnten dies sein? Welchen Sinn haben diese Aufgaben? Wie heißt das Ergebnis, das Ziel, wenn die Aufgaben erfüllt sind?

Zu diesen Fragen führt es unweigerlich, wenn man sich Gedanken über das Schicksal macht. Diese Fragen gehen jedoch über das Ziel dieses Buches hinaus. Ich lasse sie darum auch weitgehend unkommentiert so stehen, auch wenn ich in diesen Fragen meinen persönlichen Antworten bereits näher komme.

Schicksal

Das Leben selbst zeigt Ihnen immer wieder Ihre Aufgaben

- Viele machen das Schicksal nur dafür verantwortlich, dass es ihnen schlecht geht, aber nicht dafür, dass es ihnen gut geht.
- Das Schicksal als Ursache für Probleme im Leben ansehen heißt: an der Opferrolle festhalten. Das ist eine Entscheidung dafür, weiter zu leiden.
- Menschen sprechen von einem »Zufall«, wenn sie die wahren Ursachen der Ereignisse nicht kennen. Die Welt kann jedoch nach dem Prinzip »Zufall« nicht existieren.
- Schicksal ist eine Art Lebensbuch mit der Aufstellung Ihrer Lebensaufgaben.
- Wie sind die Ergebnisse Ihrer Bemühungen, ein schönes Leben auf *direktem* Weg zu erreichen?
- Es bringt Sie Ihrem Lebensziel näher, Ihre Bemühungen auch auf die Erfüllung Ihrer Lebensaufgaben zu richten.
- Nach dem Prinzip der Polarität resultiert Lebensenergie (Lebensglück) aus der Beachtung und Integration *beider* Pole.
- Das Schicksal zeigt Ihnen Ihren Weg und Ihre Lebensaufgaben. Das ist *Ihre Vorbestimmung*.
- Ob und wie Sie diesen Weg gehen und sich Ihren Aufgaben stellen, ist Ihre eigene Entscheidung. Das ist *Ihre Freiheit*.

Probleme und Leid

Nicht die Frage »Warum?« führt zum Ziel, sondern die Frage »Wozu?«

Mit diesem Thema berühre ich den Kern dessen, was Menschen in schwierigen Situationen bewegt. Immer wieder höre ich Sätze wie: »Das Leben ist hart und ungerecht.« Ich las einmal in einem Brief eines Ratsuchenden: »Das Leben geht gnadenlos weiter.« Empfinden Sie es manchmal auch so? Empfinden Sie auch gelegentlich das Leben als etwas, das Sie geradezu bedroht, vor dem Sie sich fürchten müssen?

Was ist der tiefere Sinn von Problemen und Leid im Leben? Es gibt sehr viel Probleme und sehr viel Leid auf dieser Welt, das ist klar und deutlich zu sehen. Was soll das alles bedeuten, was sollen Sie damit anfangen? Ist da nicht doch ein »böses Schicksal«, das Ihnen ein schönes Leben nicht gönnt?

Da ist zunächst diese Polarität im Leben anzusprechen. Glück und Freude als der eine Pol und Leid als der andere Pol. Es bedarf immer beider Pole! Nehmen Sie den einen Pol weg, gibt es auch keinen anderen Pol mehr. Der Wechsel zwischen diesen beiden Polen ist das elementare Prinzip unseres Lebens. Sie haben bereits am Ende des vorletzten Kapitels gelesen, wie durch Annehmen beider Pole die Lebensenergie, die wir alle so sehr brauchen, wahrgenommen und genutzt werden kann.

Probleme und Leid sind der andere Pol von Glück und Freude.

Im vorherigen Kapitel sprach ich über das Schicksal und das »Lernpensum« in unserem Leben. Sie können das Schicksal als eine Instanz betrachten, die Sie immer wieder an Ihre eigentlichen Lebensaufgaben erinnert. Denken Sie an viele der bekannten Märchen der Gebrüder Grimm, in denen in kräftigen Symbolen viele Lebensgesetzmäßigkeiten beschrieben werden. Wie oft muss da jemand sich vielen Aufgaben und Prüfungen stellen, bevor er ein glücklicher Mensch wird (und zum Beispiel die Königstochter heiraten darf). Die Instanz, die uns diese Aufgaben in unserem Leben stellt, nennen wir »Schicksal«. Dem Schicksal geht es also nur um das Ziel, nicht um den Weg dorthin. Hier haben Sie die freie Entscheidung!

Die Aufgaben im Leben zeigen Ihnen, was Sie zu lernen haben.

Also ein Leben mit Mühen und Entbehrungen als Ziel? Sie werden recht bald erfahren, dass dies nicht so ist! Zunächst einmal bleibt jedoch die Notwendigkeit des Lernens festzuhalten.

Sie können nun frei entscheiden, ob Sie bewusst oder unbewusst lernen wollen. Das *bewusste* Lernen bedeutet, mit wachen Sinnen nach den eigenen Aufgaben zu schauen und sich darum zu bemühen, sie wahrzunehmen. Dann wird es auch möglich sein, sich diesen Aufgaben zu stellen und sich dadurch weiter zu entwickeln. Auf diesem Wege ist es möglich, ein tiefes Bewusstsein für die inneren Zusammenhänge des eigenen Lebens zu entwickeln, was eine tief gehende Zufriedenheit, eine Gewissheit der wahren Erfüllung im Leben zur Folge hat.

Das *unbewusste* Lernen bedeutet zunächst, sich der eigenen Bequemlichkeit hinzugeben und dem unrealistischen Anspruch, im Leben ausschließlich nur genießen zu wollen und allem Unangenehmen aus dem Weg zu gehen. In diesem ständigen Bemühen um den direkten Genuss im Leben ist kein Platz für das Wahrnehmen oder gar Lösen eigener Lebensaufgaben.

Dies wird als eher hinderlich für ein schönes Leben angesehen und deshalb mehr oder weniger einfach ignoriert.

Die meisten Menschen wählen, bewusst oder unbewusst, die zweite Möglichkeit, also das unbewusste Lernen. Dabei ist den meisten gar nicht klar, dass sie sich überhaupt damit für eine Form des Lernens im Leben entschieden haben! Doch was heißt unbewusstes Lernen?

Unbewusstes Lernen ist Lernen durch Leid.

Schauen Sie sich doch einmal um: Welche Ergebnisse sind bei den Bemühungen zu verzeichnen, das »schöne« Leben direkt anzustreben? Wir können unseren Lebensaufgaben nicht entrinnen! Diese schlichte Erkenntnis gilt es zunächst zu verinnerlichen und zu verdauen. Die Bemühungen, die eigenen Lebensaufgaben zu ignorieren, weil sie als hinderlich und unbequem angesehen werden, sind selbst zum größten Hindernis beim Erreichen eines erfüllten Lebens geworden! Es ist meiner Überzeugung nach nicht möglich, zu einem anderen Schluss zu kommen, wenn man sich diese vielen Bemühungen genau betrachtet. Die Geschichte des Leids in einem jeden Menschen ist die Geschichte des Ignorierens der eigenen Lebensaufgaben.

Solange Sie versuchen, Ihren eigenen Aufgaben zu entrinnen und sich ihnen nicht bewusst zu stellen, zwingt Sie Ihr Schicksal dazu. Natürlich hat jeder Mensch eine andere Aufgabe, muss etwas anderes lernen. Es wird hier eine Schwierigkeit bzw. Frage deutlich: Wie können wir unsere Aufgabe in den verschiedenen Phasen des Lebens erkennen? Sie haben gerade gelesen, dass unbewusstes Lernen das Lernen durch Leid ist. Um dieses Leid möglichst gering zu halten, müssen Sie also immer wieder Ihre Aufgabe kennen. Und dies ist gewiss nicht immer einfach.

Sie haben aber einen Partner, der Sie immer wieder, wenn es erforderlich ist, »mit der Nase draufstupst«, so als wolle er sagen: Hier hast du was übersehen! Dieser »Partner« ist nichts anderes, als jene Instanz, die Sie Schicksal nennen. Und das Ereignis des »Draufstupsens« nennen Sie: Schwierigkeiten, Probleme, Leid! Da gibt es also nichts, wovor Sie sich fürchten müssten, da brauchen Sie nicht gar von dem »bösen Schicksal« sprechen, nein, im Gegenteil:

Das Schicksal ist Ihr Partner, der Sie immer wieder mit Ihrer Lebensaufgabe konfrontiert.

Sie kennen sicherlich die weit verbreitete Frage: Warum?!? Warum habe ich dieses Problem? Warum muss ich leiden? Warum gibt es überhaupt Leid auf dieser Welt?

Diese Fragestellung bringt Sie nicht weiter, weil Sie damit die Ereignisse der Vergangenheit, die zu der leidvollen Situation geführt haben, regelrecht festhalten, sich von ihnen blockieren lassen. Damit bekommen diese Ereignisse, wie Sie wissen, noch mehr leidvollen Einfluss auf Ihr Leben. Wollen Sie das? Im Kapitel *Loslassen* haben Sie bereits gelesen, welchen Einfluss auf Ihr Leben das Hadern über diese Ereignisse hat.

Fragen Sie doch mal stattdessen: Wozu? Wozu habe ich dieses Problem? Was kann es bedeuten? Was könnte ich daraus lernen? Eine ganz andere, hochinteressante Fragestellung! Dann sind Sie genau an der Stelle, an der Sie das Schicksal haben möchte: nämlich an der Erkenntnis, dass es hier etwas zu lernen gibt!

Probleme sind wie Durst. Erst der Durst führt zum Wasser. So führen Probleme zur Erkenntnis.

Der tiefere Sinn von Problemen und Leid liegt in den Erkenntnissen, die Sie daraus gewinnen können. Und wenn Sie Probleme in Ihrer Realität anerkennen und nicht dagegen kämpfen, dann wird sich auch, wie sich aus dem Gesetz der Polarität ergibt, Glück und Zufriedenheit einstellen. Wenn die entsprechenden Erkenntnisse aus der leidvollen Situation gewonnen wurden, dann hat die leidvolle Situation keine Basis mehr, die Schwingung des Lebens kann wieder den negativen Pol verlassen und auf die andere Seite schwingen. Aus einer Oper ist der Spruch bekannt: »Der Mohr hat seine Schuldigkeit getan, der Mohr kann gehen«. So hat beim Lernen das Leid seine »Schuldigkeit« getan.

Probleme und Leid erzeugen Druck, der Druck zwingt zum Nachdenken und zum Reagieren. Denken Sie an die Episode zwischen Arzt und Patient im Kapitel *Sofortmaßnahmen:* Es gibt etwas zu lernen! Viele Lernschritte führen zur Erkenntnis und viele Erkenntnisse führen zum wahren inneren Frieden und Glück. Ich habe oft gehört, dass Menschen gerade aus leidvollen Erfahrungen gelernt haben und sie deshalb gar nicht missen möchten.

Glücklichsein im Leben resultiert nicht daraus, dass man von den verschiedensten Problemen verschont geblieben ist, sondern daraus, was aus den leidvollen Situationen gelernt worden ist.

Es stellt sich auch die Frage, warum heute, in einer Zeit, in der es uns äußerlich so gut wie noch nie geht, derart viele Menschen unzufrieden sind, eine innere Leere spüren, dies mit Luxus und Aktionen aller Art krampfhaft aufzufüllen versuchen und dennoch an der inneren Leere nichts ändern? Ist dies nicht Ausdruck des Ignorierenwollens eigener Lebensaufgaben und Ausdruck von Angst vor leidvollen Situationen? Aber genau die werden durch solch ein Verhalten und Ablenkungsmanöver geradezu heraufbeschworen! Das, wovor Sie Angst haben und was Sie vermeiden wollen, wird deswegen umso mehr in Ihrem Leben deutlich! So geraten Sie in die Gefahr eines Strudels, der Sie immer weiter herunterzieht.

Angst vor Problemen und Leid lässt diese wahrscheinlicher werden.

In der Therapie der Angsterkrankungen gibt es eine gesicherte Erkenntnis: Das Vermeiden einer Situation führt dazu, dass diese Situation noch größere Macht über einen Menschen bekommt. (Darüber lesen Sie später im Kapitel *Ursache von Gefühlen* ausführlich.) Wenn Sie also Angst vor leidvollen Situationen haben, sie bekämpfen und vermeiden möchten, werden diese leidvollen Situationen noch mächtiger. Ich höre oft den Satz: »Wenn ich keine Probleme hätte, dann ginge es mir gut!« Damit ist letztlich gemeint: »Nur wenn ich keine Probleme habe, geht es mir gut.« Deshalb bemüht man sich auch darum, Probleme zu vermeiden. Diese Nur-wenn-Sätze haben jedoch eine ganz fatale Wirkung. Dahinter steht nämlich der spiegelbildliche Satz: »Und wenn ich Probleme *habe*, dann geht es mir schlecht.« Und dieser Satz hat Wirkung! Da es kein Leben ohne Probleme gibt, hat man sich damit bestätigt, dass es einem im Leben wirklich nicht gut geht!

Wie kann also ein sinnvoller Umgang mit Problemen und Leid aussehen? Sie haben keine andere Möglichkeit, als auch hier immer wieder zu sagen: Es ist, wie es ist. Ich akzeptiere, wie es ist. Ich gehe den nächsten Schritt.

Ich spreche ganz bewusst nicht von einem »glücklichen« Leben als Ziel, sondern von einem »erfüllten« Leben. Ein »glückliches« Leben anzustreben, hieße ja, nur den einen Pol des Lebens anzustreben. Das Ziel in Ihrem Leben spielt sich zwischen den beiden Polen ab. Es ist die Energie, die zwischen den beiden Polen hin- und herschwingt. Diese Lebenskraft füllt den Raum zwischen den beiden Polen aus. Darum rede ich von einem »erfüllten« Leben, weil es allumfassend gelten kann und die beiden Pole nicht ausklammert.

Das wahre Glück im Leben resultiert aus dem Spüren der Lebensenergie zwischen den beiden Polen.

Dann fürchten Sie sich nicht mehr vor dem negativen Pol, den leidvollen Ereignissen, sondern betrachten sie als Möglichkeit, sich weiterzuentwickeln. Und Sie haben die Möglichkeit, den wahren positiven Pol immer wieder zu erleben, ohne ihn direkt ansteuern zu müssen. Besonders aber spüren Sie diese Lebensenergie, das Wissen um die inneren Zusammenhänge, was sich wie eine sanfte, aber mächtige Glut von innerer »Lava« anfühlt. Was für ein wunderbares und unvergleichliches Gefühl dies ist, kann nur der ermessen, der es erfahren hat! Dieses Gefühl als Ausdruck eines erfüllten Lebens: Das ist ein Ziel, für das sich jeder Einsatz lohnt.

Es wird nicht von Ihnen erwartet, leidvolle Situationen als etwas Angenehmes zu empfinden, ganz gewiss nicht. Im Akzeptieren jedoch erhalten Sie die Möglichkeit, etwas von dieser Lebensenergie zu spüren. Diese Möglichkeit haben Sie nicht, wenn Sie sich gegen Probleme und Leid auflehnen, damit hadern, sondern sie als notwendigen Bestandteil unseres Lebens annehmen.

Erst der Satz »Ich akzeptiere, wie es ist« wird Sie dazu befähigen, die Chancen in diesen leidvollen Situationen zu begreifen und zu nutzen, um Ihr weiteres Leben konstruktiv und erfüllt zu leben. Wie Sie dies in die Tat umsetzen, davon lesen Sie nun in den folgenden Kapiteln.

Probleme und Leid

Nicht die Frage »Warum?« führt zum Ziel, sondern die Frage »Wozu?«

- Ihr Schicksal ist eine Aufstellung dessen, was Sie in Ihrem Leben zu lernen haben. Stellen Sie sich diesen Aufgaben, kommen Sie Ihrem Ziel eines erfüllten Lebens näher.
- Es gibt ein *bewusstes* (freiwilliges) Lernen.
- Es gibt ein *unbewusstes* (unfreiwilliges) Lernen.
- Unbewusstes (unfreiwilliges) Lernen resultiert aus dem Ignorieren eigener Lebensaufgaben und ist Lernen durch Leid.
- Das Schicksal ist Ihr Partner, der Sie immer wieder an Ihre Lebensaufgabe erinnert.
- Probleme sind wie Durst. Erst der Durst führt zum Wasser. So führen Probleme letztlich zur Erkenntnis.
- Ein erfülltes Leben resultiert nicht daraus, dass wir von Problemen verschont worden sind, sondern dass wir aus den Problemen gelernt haben.
- Das Ziel eines nur »glücklichen« Lebens ist kaum erreichbar, da es den Gegenpol ausgrenzt. Ein Stromkreislauf nur mit dem positiven Pol ist nicht möglich.
- Das Ziel eines »erfüllten« Lebens ist erreichbar, da es den Gegenpol integriert. Ein Stromkreislauf ist nur mit beiden Polen möglich.
- Das Spüren der Lebensenergie durch Integration beider Pole führt zu einem tief empfundenen, reichen und erfüllten Leben und zum wahren Lebensglück.

Gedanken

Samen, die bereits vollständig die spätere Pflanze enthalten

Mit diesem Kapitel beginnen Sie nun damit, Möglichkeiten kennen zu lernen, Ihr Leben so zu gestalten, dass Sie letztlich von einem »erfüllten Leben« sprechen können. Da Ihre bisherigen Denk- und Verhaltensmuster nur sehr bedingt funktioniert haben, ist es an der Zeit, diese alten Muster durch neue zu ersetzen.

Dies hört sich nun nach schweißtreibender und mühsamer Arbeit an, zu der ich Sie verständlicherweise kaum motivieren kann. Sie sind erschöpft von so vielen Problemen und sollen nun noch Energie aufbringen? Das ist sicherlich sehr schwer.

Ich kann Sie beruhigen. Dies wird von Ihnen nicht verlangt. Ich kann Sie vielmehr begeistern, weil Sie erkennen werden, welch unglaubliche und wirksame Möglichkeit und Macht Sie in sich tragen, Ihrem Leben entscheidende Impulse für eine neue Richtung zu geben! Dazu sollten Sie sich zuerst Folgendes klar machen:

Mit dem gleichen Gedankenmuster, mit dem Sie in die Krise geraten sind, können Sie nicht aus der Krise heraus!

Damit ist bereits ein machtvolles Instrument angesprochen, das jeder von uns in sich trägt und dessen Einfluss wir uns gar nicht deutlich genug vor Augen halten können: unsere Gedanken!

Was sind Gedanken? Woher kommen sie, was bewirken sie? Dies sind Fragen, die sicherlich auch Sie sich kaum gestellt haben. Es geht Ihnen wohl so wie mir, als ich diese Frage zum ersten Mal hörte: Es entfuhr mir ein ratloses und wenig intelligentes »Häh?«, aber ich wusste damit nichts anzufangen. Die übliche Antwort, die ich höre, ist: Gedanken kommen, wie sie wollen, oder sind einfach da. Ist das wirklich so? Sind wir »Opfer« unserer Gedanken?

Gedanken fallen nicht vom Himmel, sie sind auch keine Zufallsprodukte. Sie kommen nicht einfach, sondern:

Sie entscheiden sich für die Gedanken, die Sie haben!

Ich meine nicht die flüchtigen Gedankenfetzen, die wie weiße Wölkchen am Himmel von irgendwoher kommen und irgendwohin ziehen. Nein, ich meine die Gedanken, denen Sie Raum und Aufmerksamkeit geben. Sie kennen ja die vielen »Gedankenkreise« im Kopf, von denen wir oft so schwer loskommen.

Warum ist die Frage nach dem Ursprung der Gedanken so wichtig? Welche Bedeutung hat es für Sie, sich hierüber klar zu werden? Hier ist sie, Ihre Möglichkeit, selbst zu bestimmen, wie Sie sich in Ihrem Leben fühlen und wie Ihr Leben aussieht! Machen Sie sich zunächst diese Erkenntnis bewusst:

Gedanken sind Energie!

Gedanken sind die Basis unserer Welt und unseres Lebens. Gedanken können eine gewaltige Energie haben. Denken Sie an die Gedanken eines Martin Luther. Seine Gedanken haben eine ganze Welt verändert! Es waren aber anfangs lediglich Gedanken. Oder denken Sie an die Gedanken eines Philosophen, eines Wissenschaftlers usw. Alles, was Menschen erschaffen haben, sei es geistig oder materiell, ist zuvor in Gedanken erschaffen worden. Selbst ein Tisch war zunächst nur ein Gedanke eines Menschen, der die Vorlage für den Tischler gezeichnet hat. Und wenn Sie ein Wort als formulierten Gedanken ansehen, so können Sie auch in der Bibel lesen: »Am Anfang war das Wort.« Mit Ihren Gedanken fängt alles an, wirklich alles! Ohne Gedanken, ohne eine Idee, ohne eine innere Vorstellung können Menschen überhaupt nichts bewirken. Vor diesem Hintergrund bekommt der berühmte Satz des französischen Philosophen Descartes seine eigentliche Bedeutung: »Cogito ergo sum.« Übersetzt heißt dies: »Ich denke, also bin ich.« Das »Ich bin« drückt die eigene Existenz aus. Dass diese Existenz auch Wirkungen im Leben zeigt, ist eine Folge unserer Gedanken. Nur weil Gedanken Wirkungen in sich tragen und Veränderungen möglich machen, können Menschen auf dieser Welt leben. Gedanken enthalten eine große Energie. Sie tragen das gesamte Potenzial der Verwirklichung in sich!

Gedanken sind wie Samen.

Auch im Samen einer Pflanze, so klein er auch sein mag, ist die gesamte spätere Pflanze bereits enthalten. Die Größenunterschiede sind wahrhaft erstaunlich und erscheinen uns wie ein Wunder. So klein eine Eichel auch sein mag, in ihr steckt bereits der gesamte große Eichbaum! Pflanzen Sie einen Samen in die Erde, treibt er aus und entwickelt sich weiter. Samen tragen also das Bestreben in sich, die in ihnen enthaltenen Möglichkeiten zu verwirklichen. Erkennen Sie nun, von welcher Bedeutung es ist, die Gedanken mit den Samen zu vergleichen?

Gedanken haben das Bestreben, Wirklichkeit zu werden.

Welch machtvolles Instrument besitzen Sie damit! Alles, was Sie denken, hat die Tendenz, in Ihrem Leben verwirklicht bzw. Realität zu werden! Dies können Sie in ihrer Konsequenz gar nicht weit genug erfassen. Genauso, wie die erwähnten Gedanken eines Martin Luther oder auch eines technischen Zeichners dazu geführt haben, dass das zunächst Gedachte Wirklichkeit wurde (Veränderungen in der Kirche oder die Existenz eines Tisches), so führt auch jeder Gedanke, den Sie für längere Zeit haben, dazu, dass der Gedankeninhalt verwirklicht wird. Auf welche Weise dies geschieht, dazu später mehr.

Was ist dies für eine Energie, die den Gedanken innewohnt? Woher kommt sie? Wir können die Welt und unser Leben gestalten und verändern. Genau dies wird von uns erwartet von jener höheren Instanz, die wir Gott nennen. Ich betrachte die Gedanken als jenes Instrument, das uns Menschen als Gestaltungsmöglichkeit mitgegeben wurde. Da Sie wissen, dass Sie die Möglichkeit der freien Entscheidung mitbekommen haben, finden Sie hier jenes Mittel, mit dem diese Entscheidungen umgesetzt und wirksam werden können. Ihre Gedanken sind also Ausdruck einer göttlichen Energie in Ihnen. Wenn Sie mit dieser Formulierung Schwierigkeiten haben, kann man es ebenso gut »Energie des Lebens« nennen.

Mit Ihren Gedanken geben Sie dieser Lebensenergie Ausdruck. Damit erklärt sich auch, warum Gedanken immer Wirkungen haben und bestrebt sind, verwirklicht zu werden.

Gedanken sind Ausdruck der Lebensenergie, die sich durch uns manifestieren will.

Ihre Aufgabe ist es nun, diese Energie in Ihnen, die Sie auch am Leben erhält, in die richtigen Bahnen zu lenken und damit entsprechende Wirkungen in der Welt zu erzeugen. Dies tun Sie in Form von Gedanken, aber auch in Form von Gebeten. Hier haben Sie ein machtvolles Mittel, mit dem Sie in der Welt, aber auch in Ihrem eigenen Leben vieles bewirken können!

Wenn Sie nun anerkennen, dass Sie selbst entscheiden, welche Gedanken Sie haben, folgt daraus:

Gedanken können verändert werden.

Ja, Sie sind es selbst, der bestimmt, welche Gedanken Sie haben (wer sollte es denn sonst für Sie tun?)! Gedanken haben das Bestreben, Wirklichkeit zu werden und Sie bestimmen selbst, was Sie denken: Also entscheiden *Sie selbst*, was in Ihrem Leben Wirklichkeit wird – und nicht die anderen!

Dies hat nichts mit Selbstüberschätzung oder Anmaßung zu tun. Zwar lernen wir oft von klein auf, uns passiv als Opfer dessen zu fühlen, was andere Menschen, aber auch was das so genannte Schicksal mit uns machen. Diese Vorstellung mag in Ihnen aktiv sein. Entsorgen Sie diese Vorstellung!

Sie sind aufgerufen, Ihr Leben selbst in die Hand zu nehmen und Ihre Fähigkeiten optimal zu nutzen.

Sie sind aufgerufen, Ihr Leben und diese Welt zu gestalten. Dazu bedarf es aktiver und tatkräftiger Menschen und nicht Menschen, die in einer passiven Opferrolle verharren. Eines der wichtigsten Instrumente dafür sind Ihre Gedanken. Ich sagte, dass Gedanken Energie sind und dass es wichtig ist, zu welchen Gedanken Sie sich entscheiden. Ich will es genauer ausdrücken.

Ihnen steht ein unbegrenzter Vorrat an Lebensenergie zur Verfügung. Oder haben Sie das Gefühl, dass es in unserem Universum zu wenig Energie gibt? Es ist lediglich entscheidend, in welchen Bahnen diese Energie fließt! Sie kennen die zerstörerische Energie der Gewalt und Sie kennen die konstruktive Energie der Liebe. Beides ist Energie. Der Unterschied liegt in der Ausrichtung der Bahn, durch die die Energie fließen kann.

Genau hier setzen Ihre Aufgaben, aber auch Ihre Möglichkeiten und Chancen ein: Mithilfe Ihrer Gedanken formen Sie eine Art »Kanal«, durch den die Lebensenergie fließen kann. Wie breit dieser »Kanal« ist und in welche Richtung er zeigt, das legen Sie selbst durch die Gedanken fest, zu denen Sie sich entscheiden. Gedanken sind sozusagen die Weichen für die Kanäle, durch die die Lebensenergie fließt.

Gedanken stellen die Weichen für den Fluss der Lebensenergie.

Und Sie sind der »Bahnwärter«! Stellen Sie sich doch einmal konkret ein Stellwerk für einen großen Bahnhof (Leben) vor. Mit verschiedenen Knopfdrücken (Gedanken) stellen Sie die Weichen und dirigieren damit die Züge (Lebensenergie) in die entsprechende Richtung. Ist es nicht wunderbar zu erkennen, welche machtvollen Möglichkeiten Sie haben, die Weichen für die »Züge« Ihrer Lebensereignisse zu stellen? Den Vergleich können Sie noch ausbauen: Sie müssen nicht mit einem riesigen Kraftaufwand selbst die Züge auf die richtigen Gleise schieben, sondern die Züge fahren von allein. Das Stellen der Weichen erfordert keine große Kraftanstrengung. So erfordert die Entscheidung für die richtigen Gedanken keine Kraftanstrengung, sondern lediglich den Willen zur Entscheidung.

Oder stellen Sie sich selbst als Dirigent eines Orchesters vor. Spielen tun die Mitglieder des (Lebens-)Orchesters. Sie beeinflussen lediglich die Lautstärke, das Tempo, den Ausdruck. Ein Dirigent wählt jedoch auch das Musikstück aus, das gespielt werden soll. Sie als Dirigent könnten gar nicht alle Instrumente selbst spielen, Ihnen steht das Orchester zur Verfügung. Aber Sie bestimmen, was als Klangerlebnis gehört wird. Sie bestimmen letztlich, was Realität wird. Sie sind nicht Opfer, nein, Sie sind Gestalter!

Worauf Sie Ihre Gedanken richten,
dorthin fließt Ihre Lebenskraft.

Gedanken

Samen, die bereits vollständig die spätere Pflanze enthalten

- Gedanken haben Wirkungen. Gedanken sind Energie.
- Sie haben sich für die Gedanken, die Sie haben, selbst entschieden.
- Aktiv werden heißt, aus der Opferrolle herauszutreten.
- Mit dem gleichen Gedankenmuster, mit dem Sie in die Krise geraten sind, können Sie nicht aus der Krise heraustreten.
- Gedanken haben das Bestreben, Wirklichkeit zu werden.
- Gedanken sind eine Form der Lebensenergie, die sich durch uns ausdrücken will. Gedanken stellen die Weichen für den Fluss der Lebensenergie.
- Alles, was in der Welt existiert, materiell und nicht-materiell, hat mit einem Gedanken begonnen.
- Die Entscheidung zur Veränderung eigener Gedanken ist eine Entscheidung zum aktiven Verändern der Realität. Es ist wie das Dirigieren des »Orchesters des Lebens«.
- Mit Ihren Gedanken haben Sie ein Instrument, Ihr Leben aktiv zu gestalten.
- Worauf Sie Ihre Aufmerksamkeit richten, dorthin fließt Ihre Lebenskraft.
- Betrachten Sie aufmerksam Ihre Gedanken und Sie verstehen so manches in Ihrem Leben.

Resonanz und Spiegel

Wenn Sie das Leben anlächeln, lächelt das Leben zurück

Wir wollen nun den Mechanismus genauer anschauen, durch den Gedanken in der Lage sind, die Ereignisse in Ihrem Leben zu verändern. Hier gilt es, eine Lebensgesetzmäßigkeit zu erkennen, die Ihnen erstaunliche Möglichkeiten eröffnet und Ihnen wahrscheinlich auch einige Ereignisse in Ihrem Leben verständlicher erscheinen lässt.

Gleiches zieht Gleiches an und wird durch Gleiches ergänzt!

Ich habe im vorangehenden Kapitel davon gesprochen, dass Sie sich zu bestimmten Gedanken entscheiden. Sie haben das Bild der Gedanken als Saat kennen gelernt. Dies ist nun eine weitere Möglichkeit, die Wirkungen der Gedanken zu erfassen.

Betrachten Sie es einfach so, dass all das, was Sie in das Leben aussenden, als »Echo« zu Ihnen zurückkehrt. Wie sagt der Volksmund so schön: »Wie man in den Wald hineinruft, so schallt es heraus.« Genauso ist es. Wenn Sie ein bestimmtes Echo erzielen wollen, müssen Sie eine entsprechende Botschaft senden. Das leuchtet zwar jedem ein, aber beim Übertragen auf das eigene Leben haben die meisten dieses »Prinzip des Echos« vergessen.

Sie können auch das Bild eines Spiegels nehmen. Was sehen Sie in einem Spiegel? Sie sehen Ihr eigenes Gesicht. Sie sehen das, was Sie aussenden. Wenn Sie z.B. unausgeschlafen und mürrisch in den Spiegel schauen, dann wird das Spiegelbild nicht besser aussehen. Kennen Sie das, wenn Sie Ihr eigenes Spiegelbild nicht leiden können? Wie viele Menschen kämpfen in ihrem Leben gegen ihren eigenen Spiegel, weil sie meinen, er sei schuld an dem miesen Spiegelbild?

Sie können die Ereignisse in Ihrem Leben als Spiegel sehen, der Ihnen lediglich das zeigt, wie Sie in diesen Spiegel schauen. Wie oft erwarten Sie, dass Sie ein fröhliches Bild aus dem Spiegel anschaut, obwohl Sie mürrisch hineinsehen? Diese Frage sei unsinnig? Nein, gewiss nicht, denn genau das ist es, was viele Menschen erwarten! Wie viele Menschen erwarten positive Ereignisse, gehen aber mit einem mürrischen Gesicht durchs Leben?

Können Sie Zufriedenheit im Leben erwarten und gleichzeitig Gedanken des Ärgers haben?

Betrachten Sie doch mal die lange Liste der positiven Erfahrungen, die Sie in Ihrem Leben machen möchten. Und betrachten Sie daneben die Gedanken, die Sie aussenden, und die damit verbundene Energie. Fällt Ihnen da nicht immer wieder etwas auf? Wie oft haben Sie mürrisch in den Spiegel geschaut und erwartet, ein frohes Gesicht zu sehen? Wie oft haben Sie Zufriedenheit erleben wollen und gleichzeitig Gedanken des Ärgers gehabt?

Genauso wenig können Sie skeptische Gedanken haben und gleichzeitig erwarten, in Ihrem Leben Erfolg zu haben! Stellen Sie sich vor, Sie würden Ihrem Freund sagen: »Ich möchte gern, dass du mir mal einen Gefallen tust, aber weißt du: Ich misstraue dir (ich traue es dir nicht zu)!« Ihr Freund wird sich wahrscheinlich an den Kopf tippen und etwas von »Spinnst du?« murmeln. Das würden Sie wohl auch verstehen, denn: So funktioniert es nicht! Aber genau das erwarten Sie möglicherweise von Ihrem Leben! Haben Sie nicht auch schon gesagt: »Ich möchte, dass du, Leben, mir einen Gefallen tust, aber: Ich misstraue dir (ich traue es dir nicht zu)«? Hat das Leben Ihnen auch schon mal »einen Vogel« gezeigt? Wenn Sie dem Leben misstrauen, wird auch das Leben Ihnen misstrauen – und Ihnen damit möglicherweise keine wertvollen Dinge anvertrauen.

Gedanken sind Energie. Und es gibt ein physikalisches Gesetz, das besagt: Energie geht niemals verloren, sie kommt immer zurück. Sie kehrt mit denselben Vorzeichen in Ihr Leben zurück! Negative Energie kommt negativ zurück, positive Energie kommt positiv zurück! Dabei mag es sein, dass die Zeitabläufe nicht durchschaubar sind.

Dabei bleibt es jedoch nicht, denn es gibt einen weiteren Aspekt, den es zu berücksichtigen gilt:

Die Energie, die Sie aussenden, kehrt verstärkt in Ihr Leben zurück.

Resonanz heißt: Mitschwingen in der gleichen Frequenz. Resonanz heißt aber auch: Verstärkung der Frequenz. Sie kennen sicherlich den Versuch aus dem Physikunterricht: Sie schlagen eine Stimmgabel an, die auf einen bestimmten Ton geeicht ist. Sie halten diese Stimmgabel in die Luft und hören fast nichts. Nun stellen Sie diese Stimmgabel auf einen hölzernen Hohlraum. Was geschieht? Sie hören laut diesen Ton! Obwohl die Stimmgabel auch im ersten Fall schwingt, ist fast nichts zu hören. Erst durch die Verstärkung des Hohlkörpers wird der Ton hörbar. Dabei können Sie aber nur denjenigen Ton hören, auf den die Stimmgabel geeicht ist. Um andere Töne hörbar zu machen, müssen Sie erst die Stimmgabel verändern. Sie können nicht eine Stimmgabel mit 440 Hz auf einen Hohlkörper setzen und erwarten, einen 880 Hz-Ton zu hören. Denn: Die Resonanz des Hohlkörpers gibt nur den Ton der Stimmgabel wieder, diesen aber verstärkt.

Diesen Vergleich können Sie auf das Leben übertragen. Was Ihnen bei der Beschreibung der Stimmgabel plausibel erscheint, haben Sie sicherlich oft in Ihrem Leben vergessen. Betrachten Sie das Leben als Hohlkörper und Ihre Gedanken als Stimmgabel. Wird Ihnen nun etwas deutlich? Wie oft haben Sie in Ihrem Leben einen hohen Ton hören wollen, haben aber eine tiefe Stimmgabel benutzt? Wie oft haben Sie angesichts eines Problems Gedanken gehabt, die nicht besonders konstruktiv waren, haben aber gleichzeitig gehofft, dass damit das Problem gelöst wird? Und wie oft haben Sie dann als Ergebnis gesehen, dass das Problem noch größer geworden ist?

Es ist eben ein Unterschied, ob Sie sich für ärgerliche Gedanken entscheiden, dadurch ärgerlich getönte Energie bzw. Lebenskraft aussenden und anschließend verstärkt ärgerliche Situationen erleben, oder ob Sie dies mit konstruktiven Gedanken tun.

Ärgerliche Gedanken rufen Situationen hervor, über die Sie sich erneut ärgern können.

Entsprechend bedeutsam ist es, ob Sie »problemorientiert« oder »lösungsorientiert« denken. Wenn Sie also einem schwierigen Problem gegenüberstehen und denken, dass Sie es wohl nicht lösen können, weil Sie ein Versager sind und es in Ihrem Leben zu nichts bringen, dann fließt in dieses Denkmuster auch Ihre Lebenskraft, Ihre Energie! Das hat zwei fatale Folgen: Erstens fehlt Ihre Energie an der so genannten »positiven Front«, dort, wo eventuell doch eine Lösung möglich wäre. Um einen Mechanismus der Lösung in Gang zu setzen, bedarf es jedoch Ihrer Gedanken und der damit verbundenen Wirkung. Da dies jedoch fehlt, wird also nicht viel Positives passieren. Zweitens kehrt die Energie dieser negativen Gedanken genauso negativ und zudem noch verstärkt in Ihr Leben zurück! Damit dürfte sich Ihre problematische Lage noch verschlimmern. Das kann man auch als »selbsterfüllte Prophezeiung« bezeichnen. Sie haben damit sehr wirksame Maßnahmen getroffen, die eine Lösung behindern und das Problem noch größer machen. Und da Sie dies nicht bewusst getan haben, können Sie dann noch »Gott und die Welt« und die anderen Menschen dafür verantwortlich machen, dass Sie Ihr Problem nicht lösen können und in Ihrem Leben Schwierigkeiten haben. Sie wissen ja schon, dass dies eine sehr gute Möglichkeit darstellt, ein Problem zu behalten. Erkennen Sie sich in solcher Schilderung so manches Mal wieder?

Allerdings funktionieren Gesetzmäßigkeiten des Lebens ja nicht nur in einer Richtung. Stellen Sie sich doch mal die eben geschilderten Vorgänge mit positiven Vorzeichen vor! Sie stehen wieder vor einer schwierigen Situation. Betrachten Sie sie in aller Ruhe, bis Sie die Schwierigkeiten vollständig erfasst haben. Das ist wichtig. Lösungsorientiert zu denken heißt ja nicht, Probleme nicht in vollständiger Deutlichkeit und Klarheit zu erfassen. Im Gegenteil. Nach dem Gesetz der Polarität können Sie nur zur Lösung kommen, wenn Sie das Problem kennen. Aber nun ist etwas ganz Entscheidendes notwendig: Ihre Entscheidung zur Lösung! Damit bestimmen Sie die Richtung des Kanals, durch den die Lebensenergie fließen kann. Damit verbunden ist eine gesamte innere Ausrichtung dorthin, wo die Lösung ist. Mag sein, dass dort zunächst nur eine Art »Nebelwand« zu sehen ist. Und dennoch ist es möglich, darauf zu vertrauen, dass dort, noch vom Nebel verschleiert, irgendwo die Lösung sein muss. Wenn Ihnen dies gelingt, dann fließt Ihre Lebenskraft in den Lösungsmechanismus. Dies hat natürlich ebenso zwei Folgen: Erstens fehlt dann Energie an der »negativen Front«, da wird der Problemmechanismus regelrecht ausgehungert, ihm geht der »Brennstoff« aus! Zweitens erhält der Lösungsmechanismus eine Art »Energieschub« und kann dann auch in seinen Konturen allmählich in der möglicherweise vorhandenen Nebelwand deutlicher werden. Ihre konstruktiven Gedanken wirken wie eine Sonne, die den Nebel auflösen kann! Ist es nicht eine wunderbare Erfahrung, wenn in der Natur die Sonne durch den Nebel dringt und allmählich die Oberhand gewinnt? Genau solche Erfahrungen können Sie in Ihrem Leben machen!

Ob ein Problem noch größer wird, indem Sie es festhalten und »gedanklich nähren«, oder ob Sie das Problem loslassen können und damit bereits begonnen haben, es aufzulösen und die Lösung »gedanklich zu düngen«, hängt allein von Ihrer Entscheidung ab!

Auch hier zeigt sich wieder, was von Ihnen gefordert wird, um sich von Ihren bisherigen Problemen im Leben trennen:

In Lösungen statt in Problemen zu denken bedeutet den Abschied von der Opferrolle.

Die Opferrolle hat Ihnen bislang gewiss nicht gut getan. Sich von dieser Rolle zu verabschieden heißt, wieder Zuversicht und Lebenskraft zu gewinnen. In dem Resonanzgesetz finden Sie einen Mechanismus vor, der in wunderbarer Weise Ihre neuen und konstruktiven Gedanken und Energien verstärkt in Ihr Leben zurückfließen lässt! Nutzen Sie diese Möglichkeiten!

Haben Sie sich nicht auch immer wieder mal in schwierigen Situationen darüber beklagt, dass das Leben ungerecht sei? Wie sehr hat Ihnen dies genutzt? Es geht kein Weg daran vorbei anzuerkennen, dass es keine Ungerechtigkeiten und keine Zufälle im Leben gibt! Alles in unserer Welt funktioniert nach dem einfachen und ewig gültigen Gesetz der Resonanz und von Ursache und Wirkung. Und dies ist die wahre Gerechtigkeit im Leben!

Es gibt keine Zufälle im Leben! Es gibt keine Ungerechtigkeiten!

Diese Worte sind Erfindungen von Menschen, die die wahren Zusammenhänge nicht kennen oder nicht erkennen wollen. Es ist natürlich – oberflächlich betrachtet – viel einfacher und bequemer zu denken, im Leben sei etwas zufällig oder ungerecht. Dies entbindet Sie aus der Verpflichtung, eigenverantwortlich für sich zu denken und somit Ihr Leben zu gestalten. Ich bin immer wieder erstaunt, wie oft Menschen sich weigern, diese Eigenverantwortung zu übernehmen, obwohl sie zum Teil jahrzehntelang erfahren, dass sie mit ihren bisherigen Lebenseinstellungen nicht zurechtkommen.

Das Resonanzprinzip bestimmt mit darüber, was Sie in Ihrem Leben erfahren und wie Sie es erleben. Diese Erfahrungen resultieren aus Ihrer eigenen inneren Haltung und Ihren Gedanken. Stellen Sie sich eine Blume vor, die Sie auf einer Wiese am Wegesrand sehen. Es gibt sehr viele Menschen, die sie erblicken und zu sich sagen: »Wie schön!« Diese Menschen erkennen die Schönheit dieser Blume, nehmen sie wahr und freuen sich an dieser Schönheit. Nun gibt es auch andere Menschen, die diese Blume auch sehen, aber achtlos an ihr vorbeigehen. Sie nehmen die Schönheit dieser Blume nicht wahr und empfinden somit auch keine Freude darüber.

Was kann Ihnen dieses nur allzu alltägliche Beispiel in diesem Zusammenhang sagen? Der eine Mensch erkennt die Schönheit der Blume, der andere nicht. Es ist aber in beiden Fällen dieselbe Blume! Wo entsteht also die Schönheit dieser Blume? Sie ist ja offensichtlich nicht automatisch vorhanden, denn sonst würde jeder diese Schönheit erkennen. Die Antwort ist: Die Schönheit entsteht in den Augen des Betrachters. Der Betrachter kann die Schönheit nur als solche erkennen, wenn er diese Schönheit »in seinen Augen trägt«. Schon Goethe sagte sinngemäß: Wir können die Schönheit der Natur nur dann als solche erkennen, wenn wir diese Schönheit in uns tragen.

Somit ist die Schönheit der Blume, die Sie am Wegesrand als solche erkennen, wiederum nur der Spiegel dessen, was Sie in sich tragen. Und das, was Sie in sich tragen, wird durch diese Schönheit angeregt, in Schwingungen versetzt: Resonanz! Und die Verstärkung, die mit dieser Resonanz verbunden ist, erleben Sie als Freude über diese Schönheit.

Ähnliche Situationen erleben Sie in Ihrem Alltag immer wieder. Kennen Sie es, wenn Sie voller Ärger, Frust und Verbitterung über eine misslungene Aktion verbiestert ihren Weg gehen und für nichts »ein Auge haben«? Da mögen viele schöne Dinge zu sehen sein. Sie sehen sie zwar, aber sie erscheinen Ihnen vollkommen ohne Reiz, ohne Schönheit. Sie sehen darüber hinweg und hängen Ihren dunklen Gedanken nach.

Es ist unmöglich, negative Gedanken zu haben und gleichzeitig Lebensfreude zu spüren.

Nun stellen Sie sich die andere Version vor: Sie haben eine schwierige Situation gemeistert und erfolgreich zu Ende geführt. Wie nehmen Sie dann Ihre Umwelt wahr? »Ich könnte die ganze Welt umarmen!« Alles, was Sie sehen, erscheint Ihnen »in einem anderen Licht«. Dieses »andere Licht« ist nichts anderes als Ihre Gedanken, die dazu führen, dass die Dinge, die Sie wahrnehmen, einen ganz anderen Resonanzboden in Ihnen vorfinden.

Wenn Sie sich nun noch klar machen, dass gilt: »Im Kleinen wie im Großen«, dann wissen Sie, dass auch Situationen in Ihrem Leben von größerem Maßstab als die Blume am Wegesrand derselben Gesetzmäßigkeit unterliegen.

Die Beachtung des Resonanzgesetzes kann also dazu führen, ein neues Lebensgefühl zu entwickeln. Auf der einen Seite werden Sie auf Ihre Gedanken achten, die Sie aussenden, weil ihre Energie verstärkt mit gleichen Vorzeichen in Ihr Leben zurückkehrt. Wenn Sie auf der anderen Seite nun bestimmte Wahrnehmungen und Ereignisse im Leben als Echo dessen ansehen, was von Ihnen ausgeht, so haben Sie hier eine faszinierende Informationsquelle, die Ihnen Hinweise darüber geben kann, was in Ihnen selbst enthalten ist. Dies mag sonst für Sie möglicherweise gar nicht so sehr wahrnehmbar sein. Durch die Reaktion, die aufgrund der Resonanz verstärkt zu Ihnen zurückkehrt, können Sie sehr viel über sich selbst erfahren.

Lassen Sie mich am Schluss noch zeigen, wie sehr Sie eigentlich die Gesetzmäßigkeit der Resonanz bereits kennen. Was machen Sie, wenn Sie sich über ein Baby beugen? Sie lächeln! Dies tun Sie so lange, bis das Baby zurücklächelt, nicht wahr? Wie groß ist dann Ihre Freude! Warum tun Sie dasselbe nicht mit dem Leben? Dann können Sie es auch erleben: Das Leben lächelt Sie an!

Resonanz und Spiegel

Wenn Sie das Leben anlächeln, lächelt das Leben zurück

- Gleiches zieht Gleiches an und wird durch Gleiches ergänzt.
- Das Leben ist wie ein Spiegel. Sie erleben das, was Sie aussenden.
- Kann es funktionieren, dass Sie dem Leben misstrauen, aber von ihm etwas Gutes erwarten?
- Betrachten Sie sich selbst als eine Stimmgabel und Ihr Leben als Resonanzkörper. Sie können nur *den* Ton hören, den Sie aussenden.
- Ärgerliche Gedanken rufen Situationen hervor, in denen Sie erneut Ärger erleben können, nicht aber Zufriedenheit.
- Wenn Sie nur *problemorientiert* denken, wird das Problem eher größer. Denken Sie *lösungsorientiert*, wird die Lösung wahrscheinlicher.
- In Lösungen statt in Problemen zu denken bedeutet den Abschied von der Opferrolle.
- Die wahre Gerechtigkeit im Leben besteht in dem Prinzip der Resonanz und dem Gesetz von Ursache und Wirkung.
- Sie können die Schönheit des Lebens erst dann erkennen und spüren, wenn Sie entsprechende Gedanken in sich tragen.
- Es ist unmöglich, negative Gedanken zu haben und gleichzeitig Lebensfreude zu spüren.

Gefühle

Sie selbst bestimmen Ihre Gefühle, nicht die anderen

Ihre Emotionen bestimmen Ihre Lebensqualität, denn sie bestimmen, wie Sie sich in Ihrem Leben fühlen. »Ich möchte mich endlich wieder wohler fühlen!« Wie oft höre ich diesen Satz! Weil dieses Thema so wichtig ist, werde ich Sie gleich zu Beginn mit einer »Frechheit« konfrontieren:

Gefühle sind Reaktionen, die Sie selbst gewählt haben.

Bei diesem Satz zucken Sie möglicherweise unwillig zusammen und protestieren. Vielleicht empfinden Sie ihn auch als Provokation. Wenn jedoch diese Provokation dazu führt, alte Denkmuster in Frage zu stellen und darüber nachzudenken, ob sie funktioniert haben und ob es andere Möglichkeiten gibt, die besser funktionieren, dann hat diese Provokation ihre Aufgabe erfüllt.

Zunächst ist es aber wichtig zu erläutern, was ich mit dem Begriff »Gefühl« ausdrücke. Er ist gemeint im Sinne von »Emotionen«, von seelischen Empfindungen, z.B. das Gefühl von Ärger. Nicht gemeint dagegen ist eine Beschreibung von körperlichen Symptomen, wie z.B. das »Gefühl« des Hungers.

Gefühle fallen nicht vom Himmel, entstehen nicht aus dem Nichts und sind schon gar nicht etwas, das Sie einfach über sich ergehen lassen müssen. Wenn es nun aber wirklich so ist, dass Sie selbst entscheiden können, wie Sie sich fühlen, dann hieße das ja, werden Sie einwenden, dass Sie sich lediglich anders entscheiden müssen, um sich anders zu fühlen! Wie soll das aber funktionieren? Das wäre ja zu schön, um wahr zu sein! Folgende logische Überlegung sollten Sie nachvollziehen, um der Lösung auf die Spur zu kommen:

1. Gefühle sind Folge von Gedanken.
2. Sie selbst bestimmen Ihre Gedanken.
3. Sie selbst bestimmen somit Ihre Gefühle.

1. Gefühle sind Folge von Gedanken. Ohne einen Gedanken gedacht zu haben, können Sie keine Emotionen verspüren. Ohne die Funktion des Gehirns gibt es keine Fähigkeit zu fühlen. Dies ist inzwischen sogar wissenschaftlich belegt. Jedem Gefühl, das Sie empfinden, gehen gedankliche Vorgänge voraus. Wenn Sie z.B. abends allein in Ihrem Haus sitzen, kann es sein, dass Sie draußen ein Geräusch hören und ein Gefühl der Angst bekommen. Die Wahrnehmung des Geräusches selbst kann jedoch keine Angst auslösen. Es befindet sich immer etwas zwischen einer Wahrnehmung und einem Gefühl. Dieses »Etwas« sind Ihre Gedanken. Das Hören eines Geräusches führt zu einem Gedanken, den Sie sich über dieses Geräusch machen und mit dessen Hilfe Sie es bewerten. So ein Gedanke könnte z.B. sein: »Da draußen kommt ein Einbrecher!« Erst dieser Gedanke hat zur Folge, dass ein Gefühl der Angst entsteht.

2. Sie selbst bestimmen Ihre Gedanken – wer sollte es denn auch sonst tun? Sie wissen nun schon, welche Macht den Gedanken innewohnt, also ist es von elementarer Bedeutung, Ihre Gedanken zu steuern und zu entscheiden, welchen Gedanken Sie Zeit und Raum geben. Das geht nicht, sagen Sie? Ich frage Sie erneut: Wer oder was legt fest, welche Gedanken sich in Ihrem Kopf breit machen? Ist es Ihnen nicht möglich, bei dem erwähnten Beispiel zu denken: »Da draußen läuft ein Tier durch den Garten«? Taucht hier wieder die Überzeugung auf, dass Sie gar nichts dafür können, dass bestimmte Gedanken ständig in Ihrem Kopf kreisen? Wenn Sie in Ihrem Leben Veränderungen erzielen wollen, dann geht kein Weg daran vorbei, sich darüber klar zu werden: Sie selbst müssen entscheiden, welchen Gedanken Sie Raum und Zeit geben.

Natürlich kennen Sie die »schlechten« Gedanken, manchmal auch Gedankenfragmente. Es sind Gedanken, von denen Sie genau wissen, dass sie Ihnen nicht gut tun. Schicken Sie sie wieder weg, vielleicht noch mit einem kleinen Schubs! Und weil Gedanken eben das Bestreben haben, Wirklichkeit zu werden, ist es so wichtig, am Eingang zu Ihrem Inneren eine »Gesichtskontrolle der Gedanken« durchzuführen. Stellen Sie sicher, dass Sie nur sympathische und konstruktive Besucher haben. Welchen Gedanken geben Sie »Raum«? Das ist fast wörtlich gemeint.

Ich habe als Beispiel für den Einfluss von Gedanken die Gedanken eines Martin Luther genannt. Dieser Mann formulierte auch den bekannten Ausspruch: »Dass die schwarzen Vögel der schlechten Gedanken über meinem Kopf kreisen, kann ich nicht verhindern, wohl aber, dass sie Nester darauf bauen!«

Sie sind der Einzige, der in Ihrem Kopf denkt!

Sie sind nicht Opfer Ihrer Gedanken, sondern Sie bestimmen über Ihre Gedanken und damit über Ihr Leben!

3. Sie bestimmen somit Ihre Gefühle. Diese Erkenntnis ergibt sich logischerweise aus den ersten beiden Sätzen. Indem Sie Ihre Gedanken verändern, verändern Sie auch Ihre Gefühle. So einfach ist es wirklich! Daraus ergibt sich:

Nicht Menschen oder Ereignisse machen Sie fertig, sondern wie Sie darüber denken!

Dies ist eine uralte Erkenntnis und wurde bereits von einem römischen Philosophen als bekanntes Wissen formuliert. Daneben ist sie auch Grundlage der »kognitiven Verhaltenstherapie«. Es sind also nicht die Worte und Taten eines anderen Menschen, unter denen Sie leiden, sondern es sind Ihre eigenen Gedanken, die Sie sich über diese Worte und Taten machen! Entscheidend ist also nicht, mit welchem Ereignis Sie konfrontiert werden, sondern wie Sie selbst dieses Ereignis gedanklich bewerten und wie Sie sich aufgrund dessen anschließend fühlen! Und dies gilt für jedes, wirklich jedes Ereignis, wie klein oder wie groß es auch sein mag!

Bei allen, wirklich allen Dingen, mit denen Sie in Berührung kommen, ist immer die Möglichkeit der eigenen Bewertung und damit auch der Gewichtung zwischengeschaltet. Immer, wenn Sie mit gewissen Ereignissen oder Situationen konfrontiert werden, sollten Sie sich fast gebetsmühlenartig immer wieder folgende Frage stellen:

Wie viel Einfluss und wie viel Macht gebe ich den Worten und Taten anderer Menschen, darüber zu bestimmen, wie es mir geht?

Nicht ein Ereignis, nicht ein Mensch mit seinem Verhalten macht Sie »fertig«, verursacht die vielfältigsten Emotionen in Ihnen, unter denen Sie leiden und mit denen Sie sich quälen. Das wäre ja ein Alptraum, sich vorzustellen, dass Ihr Befinden davon abhängig ist, was von außen an Sie herangetragen wird. Da Sie das Verhalten anderer nicht verändern können, wären Sie dann mit Ihrem Befinden wirklich wehrlos den um Sie herum geschehenden Ereignissen ausgeliefert wie ein passiver Spielball! Dies ist wirklich eine unerträgliche Vorstellung!

Dass dies so unerträglich ist, das spüren Sie sicherlich selbst. Wie oft haben Sie beispielsweise dann, wenn ein anderer sich nicht gerade fair Ihnen gegenüber verhalten hat und Sie deswegen enttäuscht und traurig waren, anklagend gefragt: »Warum könnte er sich nicht einmal fair verhalten!?« Ja, er könnte, gewiss. Was ist aber, wenn er dies nicht tut? Haben Sie keine andere Möglichkeit, als enttäuscht zu leiden?

Das hieße ja: Wenn der andere sich fair verhält, geht es Ihnen gut, wenn der andere sich unfair verhält, geht es Ihnen schlecht. Damit wären Sie mit Ihrem Befinden abhängig davon, wie der andere sich verhält! Kann das ein gutes Gefühl sein? Wer bestimmt denn eigentlich, wie es Ihnen geht?

Dass andere sich manchmal erbärmlich verhalten, mag traurig sein und soll nicht ignoriert werden. Sie können dieses Verhalten aber nicht verändern. Schlagen Sie es sich aus dem Kopf, darauf zu hoffen, dass alle Menschen sich Ihnen gegenüber gut verhalten. Das unschöne Verhalten anderer gehört einfach zu Ihrer Lebensrealität! Es ist, wie es ist etc. Dass Sie diesem erbärmlichen Verhalten aber Macht und Einfluss darüber geben, wie Sie sich fühlen, das ist doch viel trauriger! Warum geben Sie eigentlich ausgerechnet dem schlechten Verhalten anderer so viel Macht über Ihr Leben? Sind Sie der Meinung, damit ein besonders zufriedenes Leben führen zu können? Sie sagen: nein? Also: dann beginnen Sie damit, dem Verhalten anderer weniger Einfluss und Gewicht zu geben!

Wie kann dies konkret aussehen? Anhand eines Beispiels aus einem Paargespräch werde ich Ihnen dies erläutern. Während eines Ehepaargesprächs, in dem es u.a. auch um künftige Berufsperspektiven der Ehefrau ging, meinte der Mann: »Du kannst ja vielleicht dein Abitur in der Abendschule nachholen.« Seine Frau reagierte gekränkt und empört. Sie machte ihm heftige Vorwürfe, wie er denn so gemein sein könne, ihr ihre mangelnde Schulbildung vorzuhalten. In ihrer Kränkung steigerte sie sich regelrecht in ihre Vorwürfe hinein. Es war schwierig, das Gespräch wieder auf eine konstruktive Ebene herunterzuholen.

Was war geschehen? Die Frau hatte eine heftige Kränkung gespürt und ihren Mann dafür verantwortlich gemacht. Da aber ein Gefühl nicht einfach so da ist, sondern Folge eines Gedankens ist, fragte ich die Frau, welcher Gedanke denn ihrer Kränkung zugrunde gelegen habe. Sie reagierte sehr irritiert und benötigte Erklärungen über die Zusammenhänge von Gedanken und Gefühlen. Auf wiederholtes Nachfragen sagte sie schließlich: »Ich dachte, ich bin meinem Mann wohl nicht gut genug.« Dieser verständliche Gedanke hatte zur Folge, dass ein Gefühl der Kränkung entstand. Später im Gespräch wurde deutlich, dass dieser Gedanke genau das ausdrückte, was die Frau von sich selbst dachte: Ich bin nicht gut genug. Diese Überzeugung schmerzte, hatte aber mit ihrem Mann nichts zu tun. Dennoch übernahm sie nicht die Verantwortung für dieses Gefühl und schob sie in Form von Vorwürfen auf ihren Mann. Da der Mann dies nicht auf sich sitzen lassen wollte, entstand ein heftiger Streit, wie Sie sich sicherlich gut vorstellen können. Der Frau war dieser eigene Gedanke gar nicht bewusst geworden, sie hat nur die Kränkung gespürt. Dies sind »automatische negative Gedanken«, die hunderte Male so funktionieren und darum blitzschnell und fast unbemerkt ablaufen.

Nun wird es aber spannend! Ich fragte die Frau, welche anderen Gedanken sie denn noch hätte denken können? Oder sei sie zu diesem Gedanken (»Ich bin nicht gut genug«) verpflichtet gewesen? Hier schaute mich die Frau vollends irritiert an. Sie war überhaupt nicht auf die Idee gekommen, dass sie auch anders über den Satz ihres Mannes hätte denken können! Nach langem Zögern und Nachdenken sagte sie dann schließlich: »Na ja, ich hätte ja auch denken können: Mein Mann traut mir das Abendgymnasium zu!« Dies war ein völlig anderer Gedanke! Und welches Gefühl könnte die Folge solch eines Gedankens sein? »Ich wäre stolz darauf, dass mein Mann mir das zutraut!« Dieser Gedanke hätte ein völlig anderes Gefühl zur Folge gehabt!

Hier haben Sie nun die Aussage des Mannes. Die eine Möglichkeit der Reaktion war die Kränkung, die andere Möglichkeit der Stolz. Wer hat denn nun den Unterschied dieser Gefühle bewirkt? Natürlich die Frau! Die Aussage des Mannes ist bei beiden Möglichkeiten dieselbe. Der Unterschied im Erleben wird allein hervorgerufen dadurch, zu welchen Gedanken sich die Frau entscheidet! Und selbst wenn die Worte des Mannes wirklich etwas geringschätzig gemeint waren, dann hätte die Frau immer noch selbst die Entscheidung darüber gehabt, wie viel Gewicht sie diesen Worten gibt. Das hängt sicherlich auch mit davon ab, was die Frau von sich selbst denkt.

So funktioniert es! Nicht die Worte selbst beeinflussen Sie, sondern Ihre Gedanken, die Sie sich über diese Worte machen! Natürlich haben die alten Gedankenmuster durch die ständigen Wiederholungen einen Automatismus erreicht, der nicht so schnell durchbrochen werden kann. Aber wenn Sie jedes Ereignis, in dem etwas schief gelaufen ist, nachträglich auf diese Weise analysieren und sich darüber klar werden, welche alternativen Gedanken auch möglich gewesen wären, dann werden diese neuen, konstruktiven Gedanken nach und nach automatisiert. Das ist wie in der Fahrschule: Anfangs müssen Sie sorgfältig darauf achten, wie und wann Sie das Kupplungs- und Gaspedal drücken müssen, würgen öfters den Motor ab, bemühen sich aber immer wieder darum. Das Ergebnis ist, dass bald diese Handlungsabläufe automatisch ablaufen.

Was für die beschriebene Kränkung gilt, funktioniert auch bei einer so genannten Beleidigung. Da sagt jemand in einer bestimmten Situation »Idiot« zu Ihnen. Sie werden empört sein, sich in Ihrer Ehre gekränkt fühlen, sich fürchterlich über diesen

Menschen aufregen und über ihn schimpfen. Diese zunächst verständliche Reaktion haben Sie selbst gewählt und somit haben Sie auch Ihren Ärger bzw. Ihre Kränkung selbst gewählt. Sie benutzen also dieses Wort des anderen, um sich dazu zu entscheiden, sich beleidigt zu fühlen bzw. sich selbst zu beleidigen – und sich schlechter zu fühlen!

Kein Mensch kann Sie kränken oder beleidigen, es sei denn, Sie helfen tatkräftig mit.

Ich kann mir vorstellen, dass Sie hier wieder unwillig reagieren. Aber es gibt in dieser Situation doch zwei Möglichkeiten:

1. Sie sind (pardon!) in dieser Situation wirklich ein Idiot gewesen. Nun, wer Recht hat, hat Recht. Da ist kein Ärger notwendig. Oder schmerzt es Sie, dass der andere das ausspricht, was Sie von sich selbst denken? Dann liegt das Problem aber darin, dass Sie Derartiges von sich denken und nicht daran, dass der andere es ausspricht! Oder schmerzt es Sie, dass ein anderer so etwas von Ihnen denkt, weil Sie dann befürchten müssen, dass der andere als Quelle für Zuwendung von außen ausfällt? Fühlen Sie sich von dem anderen im Stich gelassen? Meldet sich da Ihr »inneres Kind« wieder?

2. Sie sind in besagter Situation *kein* Idiot gewesen. Was hindert Sie dann daran zu denken: »Nein, ich bin davon überzeugt, kein Idiot gewesen zu sein, also betrifft mich dieser Ausdruck auch gar nicht und hat keine Bedeutung für mich. Und da mein Selbstbewusstsein nicht von der Meinung anderer Menschen abhängig ist, ist der Fall für mich damit erledigt. Wenn er etwas anderes denkt, dann ist das sein Problem!«

Vielleicht könnten Sie noch darüber nachdenken, warum denn dieser Eindruck beim anderen entstanden ist, wo Sie doch wirklich davon überzeugt sind, kein Idiot gewesen zu sein. Aber dies geschieht ohne Ärger und ohne Schimpfen auf den anderen und ermöglicht Ihnen eventuell neue Erkenntnisse über Ihr eigenes Verhalten anderen Menschen gegenüber und vielleicht auch ein aufschlussreiches Gespräch mit ihm.

In beiden Fällen werden Ärger und das Gefühl des Beleidigtseins ausbleiben. Was haben Sie getan? Sie haben nicht mehr dem anderen Menschen die Macht in die Hand gegeben, darüber zu entscheiden, wie Sie sich fühlen!

In der Suche nach anderen, konstruktiveren Gedanken haben Sie eine großartige Möglichkeit, selbst in Ihrem Leben zu bestimmen, wie Sie sich fühlen. Sie selbst sind der Boss Ihrer Gefühle, nicht die anderen! Wenn Sie dies erkennen, beginnen Sie, wirklich frei in Ihrem Leben zu sein! Nun können Sie beginnen, andere aus der Verantwortung für Ihr Befinden zu entlassen und selbst für sich zu sorgen.

Gefühle

Sie selbst bestimmen Ihre Gefühle, nicht die anderen

- Gefühle sind Reaktionen, die Sie selbst gewählt haben.
- Sie sind nicht Opfer Ihrer Gefühle.
- Gefühle sind Folge von Gedanken.
- Sie bestimmen selbst Ihre Gedanken. (Wer auch sonst?)
- Sie bestimmen somit Ihre Gefühle.
- Es ist notwendig, selbst zu bestimmen, welchen Gedanken Sie Raum und Zeit geben.
- Verändern Sie Ihre Gedanken und es verändern sich Ihre Gefühle.
- Nicht Ereignisse oder Worte und Taten anderer Menschen machen Sie fertig, sondern Ihre Gedanken, die Sie sich darüber machen.
- Wie viel Einfluss und Macht geben Sie den Worten und Taten anderer Menschen, darüber zu bestimmen, wie es Ihnen geht?
- Sind Sie mit Ihrem Befinden abhängig davon, wie der andere sich verhält? Bestimmt somit ein anderer über Sie?
- Sie haben die Freiheit, selbst zu bestimmen, wie Sie über ein Ereignis denken. Nutzen Sie diese Freiheit?
- Kein Mensch kann Sie kränken, es sei denn, Sie helfen tatkräftig mit.

Eigenliebe

Eigenliebe heißt Achtung vor sich selbst und vor anderen

Sie haben nun erfahren, wie wichtig es ist, selbst dafür zu sorgen, dass es Ihnen gut geht, weil dies auch wegen der Resonanz im Leben einen Einfluss darauf hat, welchen Situationen Sie immer wieder gegenüberstehen. Wie kann dies am sinnvollsten geschehen? Es gibt keinen wirkungsvolleren Weg als den der Eigenliebe. Ich weiß sehr wohl, dass dieses Wort Missverständnisse, Irritationen, Unwillen und Widerspruch auslösen kann. Darum ist es wichtig, einen aufmerksamen Blick auf die Eigenliebe zu werfen. Was ist mit diesem Begriff überhaupt gemeint?

Eigenliebe bedeutet einen achtsamen, fürsorglichen, respektvollen, verantwortungsbewussten und liebevollen Umgang mit sich selbst.

Was bewirken Sie damit? Zunächst entlassen Sie so Ihre Mitmenschen aus der Verantwortung, für Ihr Wohlbefinden sorgen zu müssen, Sie nehmen Ihnen diese Bürde ab. Sie geben Ihre eigene (stille) Erwartungshaltung auf, mit der Sie ohnehin bislang nur enttäuschende und verbitternde Erfahrungen gemacht haben. Ich kenne jedenfalls keinen Menschen, dem diese Erwartungshaltung gut getan hat. Sie hören auf, anderen Menschen auf den verschiedensten bewussten, aber meist unbewussten Wegen die Nachricht zu übermitteln: »Du bist verantwortlich dafür, dass es mir gut geht!« Sie können sich darauf verlassen, dass diese Nachricht ankommt! Vielleicht wehren sich die anderen gegen diese Bürde? Mit Ihrer Eigenliebe jedoch entlasten Sie die Beziehung zu anderen Menschen und schaffen damit gleichzeitig die Möglichkeit, dass diese Beziehung schöner und bereichernder werden kann. Diese schöne Beziehung ist wie ein Geschenk, das Ihnen zusätzlich gemacht wird. So hat die Eigenliebe gleich einen doppelten Effekt: Sie fühlen sich wohler, weil Sie sich selbst am effektivsten um sich selbst kümmern können und Sie können sich zusätzlich über schöne Beziehungen zu anderen Menschen freuen!

Eigenliebe entlastet Ihr Verhältnis zu anderen Menschen und macht eine bereichernde Beziehung erst möglich.

Hier finden Sie ein weiteres Beispiel für das Resonanzprinzip. Wenn Sie sich eigenverantwortlich um Ihr eigenes Befinden kümmern, dann ist dies ein Zeichen Ihrer Fürsorge gegenüber Ihren eigenen Wünschen. Ebenso aber ist es ein Ausdruck der Fürsorge gegenüber anderen, die damit nicht mit Aufgaben belastet werden, die gar nicht ihre Aufgaben sind. Wer so viel Fürsorge in sich hat und somit auch ausstrahlt, der wird nach dem Resonanzprinzip vom Leben verstärkt Fürsorge erhalten. Dies meine ich mit dem doppelten Effekt der Eigenliebe.

Den häufigsten Widerspruch, den ich zu dem Begriff »Eigenliebe« höre, ist der, dass es doch wohl nicht Ziel sein könne, ein Egoist zu werden. Das Wort »Egoismus« ist durch unsere Erziehung mit sehr negativen Bedeutungen versehen worden und gilt allgemein als unerfreuliche und verachtenswerte Eigenschaft von Menschen. Im *Brockhaus* wird »Egoismus« definiert als Lebensform, in der »alles Verhalten und Handeln unter Zurücksetzung der anderen auf die eigene Person ausgerichtet ist, ... die über Recht und Wohl anderer rücksichtslos hinweggeht«.

Ein Egoist setzt andere Menschen zurück und geht über Recht und Wohl anderer hinweg.

Dieser Mensch nimmt keine Rücksicht auf andere, schiebt sie mit seinen Ellbogen zur Seite und bereichert sich oft an ihnen, indem er ihnen immer wieder etwas wegnimmt, seien es materielle Dinge oder seelische bzw. geistige Energie.

Sie verstehen nun, dass ein Egoist auf diese Weise seines Lebens nicht froh werden kann. Wer Respektlosigkeit aussendet, wird letztlich Respektlosigkeit erfahren. Wer Lieblosigkeit aussendet, wird letztlich Lieblosigkeit erfahren. Dies merkt der Egoist lange Zeit oder auch zeitlebens nicht direkt. Er merkt lediglich, dass er in der Tiefe seines Inneren bedürftig und unzufrieden bleibt. Vielleicht ist ihm das gar nicht bewusst, er hat nur ein vages ungutes Gefühl, was ihn dazu veranlassen mag, seine egoistischen Anstrengungen noch zu vermehren. Wenn Sie sich an die Zusammenhänge aus dem Kapitel *Energie* erinnern, so wird Ihnen deutlich, dass auch ein Egoist spürt, dass er zu wenig Energie hat. Er versucht nun mit seinen egoistischen Mitteln, diese Energie von anderen Menschen zu erhalten. Die Wirksamkeit dieser Bemühungen für seine Lebenszufriedenheit ist sicherlich fraglich.

Ich denke, Sie beginnen zu begreifen, dass ein Mensch mit Eigenliebe gar kein Egoist sein kann! Welche Auswirkungen kann es für Sie haben, wenn Sie Eigenliebe haben? Was kann es für Ihr Leben bedeuten, wenn Sie achtsam, fürsorglich, verantwortungsbewusst und liebevoll mit sich selbst umgehen? Welche Folgen kann es haben, wenn Sie sich selbst und ihre eigenen Wünsche ernst nehmen?

Die Antwort ist ganz einfach: Es wird Ihnen gut gehen!

Sie selbst kennen Ihre Bedürfnisse, Ihre Wünsche, Ihre Pläne, Ihren Kummer, Ihr »inneres Kind« usw. am besten. Wenn Sie nun in der Erwartung leben, dass andere Menschen und nicht Sie selbst sich hierum kümmern müssten, dann nehmen Sie selbst Ihre eigenen Wünsche nicht ernst! Ihr »inneres Kind« wird dann von Ihnen nicht respektiert und »in den Arm genommen«, sondern von Ihnen regelrecht verstoßen. Bei einer Erwartungshaltung an andere lebt also in Ihrem Inneren Respektlosigkeit, Unachtsamkeit, ja Lieblosigkeit. Sie wissen nun, was die Resonanz im Leben damit macht. All dies wird letztlich verstärkt in Ihr Leben zurückkehren. Können Sie sich vorstellen, auf diese Weise zufrieden zu werden?

Erwartungen in andere haben, bedeutet Lieblosigkeit eigenen Wünschen gegenüber.

Natürlich ist es immer wieder etwas Wunderbares, wenn andere Menschen Ihnen etwas Gutes tun. Dies ist ein herrliches Geschenk, über das Sie sich natürlich von Herzen freuen können! Aber andere Menschen können dies nur dann tun, wenn Sie Ihre Wünsche kennen, ernst nehmen und darum dieses Geschenk auch annehmen können.

Der wesentliche Unterschied liegt in der primären Aufmerksamkeit. Eine ständige innere Erwartungshaltung bedeutet eine Aufmerksamkeit auf die (vermeintliche) Verantwortung anderer Menschen für Ihre Bedürfnisse. Eigenliebe bedeutet eine Aufmerksamkeit auf die Eigenverantwortung für Ihre Bedürfnisse. Dies ist ein sehr wichtiger Unterschied. Andere Menschen verhalten sich oft wie der erwähnte Spiegel.

Das Aufgeben einer Erwartungshaltung hat noch weitere Konsequenzen für Sie. Eine Erwartungshaltung heißt nichts anderes, als dem anderen letztlich Vorschriften dafür zu machen, wie er sich zu verhalten hat. Eigenliebe bedeutet hingegen, dem anderen wirklich die Freiheit zu geben, selbst zu entscheiden, wie er sich Ihnen gegenüber verhält. Jemandem Freiheiten geben, hat etwas mit Respekt und Achtung zu tun. Sie wissen ja, was dies entsprechend der Resonanz für Ihr Leben bedeutet.

Erwartungen in andere haben heißt, andere nicht zu achten und ihnen nicht die wirkliche Freiheit des Handelns zu geben.

Nur wenn Sie selbst Ihre eigenen Bedürfnisse ernst nehmen und sich dafür verantwortlich fühlen, können Sie erwarten, dass auch andere Menschen diese Bedürfnisse ernst nehmen – und zwar freiwillig! Nur damit erhalten Sie die Chance, von den anderen ein Geschenk der Fürsorge zu erhalten.

Und wenn der andere Ihnen dieses Geschenk nicht macht? Das ist für Sie kein großes Problem, denn Ihre liebevolle Grundhaltung sich selbst gegenüber führt dazu, dass es Ihnen ohnehin schon viel besser geht. Da ist die Zuwendung anderer wirklich ein Geschenk und keine Notwendigkeit. Nicht der Umstand der mangelnden Zuwendung macht Ihnen Probleme, sondern wie Sie selbst damit umgehen und dass Sie sich selbst keine Zuwendung geben.

Warum fällt es Ihnen so schwer, liebevoll mit sich selbst umzugehen? Was Sie selbst nicht tun mögen oder können, sollen andere für Sie tun. Glauben Sie, dass die anderen davon begeistert sein werden? Meinen Sie, auf diese Weise zusätzliche Zuwendung zu erhalten? Im Kapitel *Das innere Kind* habe ich geschildert, welche Anstrengungen unternommen werden können, um diese Zuwendung zu erhalten. Aber es funktioniert nicht.

Eigenliebe heißt, andere zu achten und ihnen die wirkliche Freiheit des Handelns zu geben.

Was hat nun dieser liebevolle Umgang mit sich mit den Eigenschaften eines Egoisten zu tun? Wenn Sie sich die eingangs erwähnte Definition vergegenwärtigen, dann wird klar, dass Eigenliebe und Egoismus sich einander ausschließen.

Welche Folgen hat es, wenn ein Mensch sich *nicht* liebevoll um sich selbst kümmert und deshalb seine Bedürfnisse meist ungestillt bleiben? Er spürt eine innere Leere, er spürt die ständig unbefriedigte Bedürftigkeit. Hieraus kann er nun auf zwei Arten reagieren. Er kann einerseits in ein tiefes depressives Loch fallen, sich bedauern und die Ungerechtigkeit der Welt beklagen. Auf der anderen Seite kann er sich jedoch bemühen, diese innere Leere auszugleichen, indem er rücksichtslos von anderen nimmt. Zwischen diesen beiden Möglichkeiten gibt es natürlich alle möglichen Zwischenformen.

**Der Egoist hat nicht zu viel Eigenliebe, er hat gar keine Eigenliebe!
Ein Mensch mit Eigenliebe ist innerlich so reich,
er hat den Egoismus nicht nötig.**

Die Eigenliebe hat noch einen weiteren, ganz wesentlichen Aspekt. Dies wird deutlich, wenn Sie an den Gegenbegriff zum Egoismus denken, an den Altruismus. Der Altruismus ist laut *Brockhaus* definiert als zum Egoismus »entgegengesetzte sittliche Einstellung, ›für andere zu leben‹, Selbstlosigkeit im Denken, Fühlen und Handeln ...«

Wenn wir davon ausgehen, dass es unsere Aufgabe in dieser Welt ist, die Polarität des Lebens durch die Liebe zu überwinden, wenn es also unsere Aufgabe ist, Liebe auszusenden, wie können Sie dann in den Situationen, in denen Sie dies tun möchten, am wirkungsvollsten für andere da sein, anderen Menschen fürsorglich, achtsam, respektvoll und liebevoll begegnen, ihnen bei Bedarf helfen?

Das wird Ihnen nur dann möglich sein, wenn es Ihnen gut geht, wenn Sie »in Ihrer Energie stehen«, wenn Sie sich entsprechend stark fühlen. Nicht aber, wenn Sie einem Nervenzusammenbruch nahe sind, unglücklich und erschöpft sind, wenn Sie selbst für sich nicht mehr weiter wissen.

Eigenliebe sorgt dafür, dass es Ihnen so gut geht, dass Ihnen ein liebevoller Umgang mit anderen überhaupt erst möglich ist.

Erst der achtsame Umgang mit sich selbst versetzt Sie in die Lage, auch mal für andere da zu sein. Nur so sorgen Sie dafür, Ihre Energie und Ihre Kräfte zu behalten und auszubauen, um sie dort, wo Sie es wollen, effektiv einzusetzen und positive Dinge bei Ihren Mitmenschen und in der Welt zu bewegen. »Liebe deinen Nächsten wie dich selbst.« Ich denke, es ist genauso gemeint.

Hier wird auch deutlich, was am Altruismus problematisch ist. Wer »selbstlos« ist, also »sich selbst los ist«, der kann sich wohl kaum liebevoll um sich selbst kümmern und bleibt bedürftig. Wovon wollen Sie denn geben, wenn Sie mangels Eigenliebe bedürftig bleiben? Im Kapitel *Das innere Kind* sind die beiden grundsätzlichen Arten des Gebens beschrieben.

Wie lässt sich dieser liebevolle Umgang mit sich selbst nun umsetzen, ohne anderen etwas wegzunehmen? Gewiss, ganz ohne Wegnehmen wird es nicht gehen. Denken Sie an die Möglichkeit, dass andere Menschen Ihnen mit einer ähnlichen Erwartungshaltung begegnen! Ihnen wird die Bürde aufgelastet, verantwortlich dafür zu sein, dass es dem anderen gut geht? Können Sie dies akzeptieren? Hier können Sie z.B. durch Ihr Nein dem anderen seine Erwartung wegnehmen, durch Sie seine Bedürfnisse befriedigt zu bekommen. Sie konfrontieren ihn damit mit seiner Aufgabe, eigenverantwortlich für sich zu sorgen. Wenn er sich davor drückt und dies mit Vorwürfen ausdrückt, dann ist dies aber nicht Ihr Problem – oder fällt Ihnen automatisch jene Verantwortung zu, die andere für sich nicht übernehmen? Sie geben ihm aber damit die Chance, zu seiner Eigenliebe zu finden, die ihm letztlich viel besser tut.

Das heißt nicht, dass Sie nicht anderen Menschen etwas Gutes tun sollen. Im Gegenteil! Es ist nur ein gewaltiger Unterschied, ob mein Für-den-anderen-da-Sein als Geschenk oder als geforderte Notwendigkeit angesehen wird! In der psychosomatischen Klinik, in der ich tätig war, schrieb ein Patient folgende Worte an das schwarze Brett im Eingang:

Wenn sich jeder um sich selbst kümmert, ist jedem geholfen.

Dies war für Wochen Ausgangspunkt spannender und bereichernder Diskussionen. Viele erkannten die Richtigkeit dieser Worte. Sie bedeuten nämlich zunächst, dass jeder eigenverantwortlich und liebevoll für sich sorgen sollte. Dies beinhaltet auch mal ein Nein anderen gegenüber, wenn es zur Wahrung eigener Energie nötig ist. Dann ist ihm »geholfen«. Aber damit fühlt er sich dann so gut, dass er überhaupt erst in der Lage ist, auch für andere da zu sein, wo er dies tun will. Das bedeutet aber auch, dass das Loslassen der gegenseitigen Erwartungshaltungen die zwischenmenschlichen Beziehungen bereichert! Nur wenn wir etwas loslassen, können wir es uns bewahren. Es gehört zu den Geheimnissen des Lebens, dass Ereignisse erst dann geschehen, wenn wir sie loslassen können.

Was Sie loslassen können, wird Ihnen geschenkt.

So wie Ihnen ein Name, den Sie vergessen haben, nicht durch krampfhaftes Bemühen wieder einfällt, sondern meist erst dann, wenn Sie dieses Bemühen losgelassen haben.

Solch ein Umgang mit sich selbst bedeutet natürlich, zunächst sich darüber klar zu werden, welch wunderbaren und einzigartigen Eigenschaften Sie mit auf den Weg bekommen haben. Natürlich sind da auch Ihre negativen Eigenschaften. Aber welchen Eigenschaften wollen Sie Aufmerksamkeit schenken? Welchen Eigenschaften wollen Sie Energie zuführen? Machen Sie sich eine Liste, offen und ehrlich mit sich selbst, sowohl eine Positiv- als auch eine Negativliste. Sie entscheiden darüber, welche dieser Eigenschaften in Ihrem Leben zum Tragen kommt!

In der ganzheitlichen medizinischen Therapie wird die Eigenliebe mit dem Begriff »Ordnungstherapie« umschrieben.

Ordnungstherapie heißt, in den verschiedenen Lebensbereichen selbst für eine innere Ordnung zu sorgen.

Jeder hat seine eigenen Lebensbereiche, von denen die Bereiche Beruf und Familie für die meisten zutreffen. Daneben stehen z.B. Hobbys, außerberufliche Aktivitäten etc. In jedem dieser Bereiche muss eine Art der »inneren Ordnung« herrschen. Es muss ein Gleichgewicht herrschen zwischen der Energie, die Sie einsetzen, und der Energie, die Sie erhalten. Ist diese Bilanz längere Zeit im Minusbereich, treten Probleme auf. Wer gibt, ohne zu haben, macht Schulden. Viele »innere Schulden« können zum Zusammenbruch führen. Ihre Aufgabe eines liebevollen Umganges mit sich selbst bedeutet nichts anderes, als sich um eine ausgeglichene Bilanz zu kümmern. Das können nur Sie selbst machen, kein anderer! Nur Sie selbst können wissen, was Ihnen gerade in einem bestimmten Moment gut tut!

Ich beschränke mich bewusst auf diese kurzen Hinweise, weil es genügend Texte darüber gibt, wie man sich Gutes tun kann und wie Sie die Bereiche Beruf, Familie, Freizeit sinnvoll miteinander kombinieren können. Ich denke, all dies würden die meisten auch gern tun, wenn nicht immer wieder Blockaden zu spüren wären, die sie daran hindern. Deshalb habe ich einen Schwerpunkt auf das Aufdecken dieser Blockaden gesetzt. Je mehr Sie den Mechanismus dieser Hemmnisse erkennen, umso leichter sehen Sie den Weg um diese Hemmnisse herum.

Eigenliebe zu haben heißt weder ein Egoist zu sein, noch selbstbezogen um das eigene Ich zu kreisen. Es heißt lediglich, verantwortungsbewusst und achtsam mit dem umzugehen, was Ihnen mit auf den Weg gegeben wurde. Nur wenn Sie sich selbst schätzen und Ihren Wert anerkennen, nur dann können Sie erreichen, in Ihrem Leben autonom und nicht abhängig von anderen zu sein! Diese Unabhängigkeit benötigen Sie jedoch als Voraussetzung dafür, auch für andere da sein zu können.

Wenn Sie Eigenliebe haben, haben Sie Liebe in sich. Liebe ist, wie Erich Fromm in seinem Büchlein *Die Kunst des Liebens* so wunderbar formuliert, nicht abhängig vom Ziel der Liebe, sondern ist eine Eigenschaft, eine konstruktive Kraft. Auch Malenkönnen ist eine Eigenschaft, die vom Objekt unabhängig ist. Natürlich gibt es verschiedene Facetten der universellen Kraft der Liebe. Wenn Sie es zulassen, dass die Kraft der Liebe in Ihnen wirkt, dann haben Sie Eigenliebe, aber diese Liebe strahlt auch nach außen und erreicht andere. Aus dem Resonanzprinzip können Sie sich ableiten, was dies für Sie bedeutet.

Sie könnten versucht sein, dieses Prinzip quasi »auszutricksen«, indem es Ihnen hauptsächlich darauf ankommt, Liebe von anderen zu erhalten. Aber das Leben lässt sich nicht betrügen. Das, was Sie tun, um hauptsächlich den anderen dazu zu veranlassen, Ihnen Liebe zu schenken, hat mit der eigentlichen Bedeutung der Kraft der Liebe nichts zu tun.

Es ist ein Teil unserer Aufgabe, Liebe in diese Welt zu tragen. Eigenliebe ist ein Beitrag dazu.

Eigenliebe

Eigenliebe heißt Achtung vor sich selbst und vor anderen

- Eigenliebe bedeutet einen achtsamen, fürsorglichen, respektvollen, verantwortungsbewussten und liebevollen Umgang mit sich selbst.
- Ein Mensch ohne Eigenliebe kann innere Leere empfinden, die er auf Kosten anderer auszugleichen sucht. Er kann somit zum Egoist werden. Ein Egoist hat keine Eigenliebe.
- Ohne Eigenliebe können Erwartungshaltungen entstehen.
- Erwartungshaltungen bedeuten eine Bürde und Unfreiheit für andere und belasten die Beziehungen zu anderen.
- Eigenliebe heißt Achtung vor der wirklichen Freiheit des Handelns anderer.
- Erwartungshaltung bedeutet Lieblosigkeit den eigenen Bedürfnissen gegenüber. Wer Lieblosigkeit lebt, kann nichts anderes im Leben erfahren.
- Eigenliebe zeigt Achtung sich selbst gegenüber und führt zum Wohlbefinden. Erst dann ist ein liebevoller Umgang mit anderen möglich.
- Eigenliebe kann auch bedeuten, einmal nicht auf die Erwartungshaltung anderer einzugehen und sie somit an die eigene Verantwortung sich selbst gegenüber zurückzuführen.
- Eigenliebe führt zur »inneren Ordnung« der eigenen Energie. Sie lässt die eigene Energie sich entfalten als Voraussetzung dafür, auch für andere da zu sein.
- Eigenliebe ist ein Teil unserer Aufgabe, Liebe in diese Welt zu tragen.

Unterbewusstsein

Ein guter Gärtner pflanzt nur die Samen, die auch wachsen sollen

Sie haben nun sehr viel über die Möglichkeit, aber auch über die Notwendigkeit erfahren, sich eigenverantwortlich um Ihre eigenen Belange Ihres Lebens zu kümmern. Sie sind der Chef in Ihrem Leben! Sie selbst haben die Macht, den Verlauf Ihres Lebens zu steuern und zu entscheiden, ob Sie sich den damit verbundenen Herausforderungen stellen.

Wenn nun Sie selbst all diese Möglichkeiten haben, dann ist es wichtig, das Instrument zu betrachten, mit dem dies machbar ist. Nun, da sind zunächst die Gedanken, mit deren Hilfe Sie alles bewegen und verändern, aber auch Ihre Ziele erreichen können. Aber auf welche Weise üben die Gedanken ihren großen Einfluss aus? Was ist ihr Medium, mit dessen Hilfe sie ihr Potential verwirklichen? Die Überschrift dieses Kapitels gibt bereits die Antwort: Ihr Unterbewusstsein. Hier finden Sie jene Instanz, die das zuvor Erdachte letztlich ausführt und verwirklicht.

Ich sagte bereits, dass Gedanken wie Samen sind, die Sie aussäen. Im Samen ist ja bereits die komplette spätere Pflanze enthalten. Der Nährboden nun, in dem dieser Samen wächst, ist Ihr Unterbewusstsein. Dies ist das Medium, das die Gedanken aufkeimen und wachsen lässt, sodass letztlich das, was als Bauplan in dem Samen enthalten war, Wirklichkeit wird.

Natürlich wächst nicht jedes achtlos dahingeworfene Samenkorn an. Es bedarf schon einiges an Mühe, dafür zu sorgen, dass ein Samen anwächst: Ein Loch im Boden machen, den Samen hineinlegen, das Loch mit Humus verschließen und anschließend sorgsam wässern. Nur so können Sie darauf hoffen, dass die Saat angeht und sich zur gewünschten Pflanze entwickelt.

Genauso ist es mit Ihren Gedanken. Achtlos dahingeworfene Gedanken oder Gedankenfragmente, die wie kleine Wölkchen am Himmel von irgendwoher kommen und irgendwohin ziehen, werden kaum einen Einfluss haben.

Damit Gedanken jedoch »anwachsen«, bedarf es einiger Mühe, genauso, als wenn Sie eine wertvolle Pflanze aufziehen wollen. Es gibt zwei Arten von Gedanken, mit denen Sie dies sehr erfolgreich tun können: ständig wiederkehrende und wiederholte Gedanken sowie Gedanken, die mit intensiven Gefühlen einhergehen. Denken Sie daran, wie Sie tagtäglich sich um eine wertvolle Ansaat kümmern und mit welcher innerer Einstellung Sie dies tun. Es sind also Gedanken, die »Nester auf Ihrem Kopfe bauen«, um das Bild von Martin Luther noch einmal zu verwenden. Je öfter Sie sich mit bestimmten Gedanken beschäftigen und je emotionaler Sie dies tun, gleichgültig, ob mit positiven oder negativen Emotionen, desto erfolgreicher wird der Gedanke danach streben, sich weiter zu entwickeln.

Das Unterbewusstsein ist wie ein Humusboden, der die Samen der Gedanken wachsen lässt.

Sie können sich das Unterbewusstsein auch als riesigen Computer vorstellen, der nun mittels Ihrer Gedanken entsprechende Steuerbefehle erhält und von Ihnen nach Ihren Vorstellungen programmiert werden kann. Und so zuverlässig, wie ein Computer (normalerweise) funktioniert, so funktioniert auch Ihr Unterbewusstsein sehr zuverlässig.

Das Unterbewusstsein hat jedoch eine ganz besondere Funktion, die Sie einfach kennen müssen. So wie ein Humusboden den Samen größer werden lässt, so lässt Ihr Unterbewusstsein Ihre Gedanken größer und damit einflussreicher werden.

Das Unterbewusstsein verstärkt immer das, womit es beauftragt wurde.

Diesen Sachverhalt habe ich bereits im Kapitel über die Resonanz erläutert. Der Resonanzboden ist also Ihr Unterbewusstsein. Was fast unhörbar war, wird durch dieses Medium verstärkt und damit hörbar. Durch diese Verstärkung können Wirkungen verursacht werden. Ihr Unterbewusstsein sorgt dafür, dass das, was Sie immer wieder denken, verstärkt wird, sodass es in Ihrem Leben in Erscheinung treten und damit letztlich in Ihr Leben zurückkehren kann.

Es spielt dabei keine Rolle, was Sie in den Humusboden säen, es wächst *alles* heran. Sie säen Blumen und es wachsen Blumen. Sie säen Disteln und es wachsen Disteln. Und so hat natürlich auch jeder Gedanke das Bestreben, realisiert zu werden! Alles, was Sie als »gedanklichen Samen« in den Humusboden Ihres Unterbewusstseins säen, beginnt zu keimen und zu wachsen. Wirklich alles!

Das Unterbewusstsein ist bestrebt, alles, was Sie denken, ob positiv oder negativ, unbeirrt in die Realität umzusetzen!

Denn das Unterbewusstsein ist neutral. So wie der Humusboden nicht zwischen Blumen und Unkraut unterscheidet, so unterscheidet Ihr Unterbewusstsein nicht zwischen sinnvollen und nicht sinnvollen Gedanken. Ihr Unterbewusstsein bewertet nicht. Ihr Unterbewusstsein kümmert sich nicht darum, ob ein Gedanke für seinen Besitzer konstruktiv oder destruktiv ist. Es funktioniert wie jede Armee in der Welt: Befehl ist Befehl! An dieser Stelle wird es deutlich, dass wir Menschen wirklich die Freiheit der Entscheidung haben. Diese Funktion Ihres Unterbewusstseins, ohne Bewertung mit der Realisation der Gedanken zu beginnen, macht Ihre Möglichkeit zur freien Gestaltung Ihres Lebens erst möglich!

Weiterhin kann Ihr Unterbewusstsein Verneinungen nicht erkennen. Auch das ist wichtig. Wenn Sie also immer denken: »Ich bin kein Versager im Leben«, so erkennt Ihr Unterbewusstsein nur das Wort »Versager« und deutet es als Aufforderung, dies umzusetzen. Glauben Sie das nicht? Es gibt einen einfachen Versuch, der Sie sicher überzeugt. Bemühen Sie sich doch einmal ganz intensiv darum, den Auftrag auszuführen, für mindestens zehn Minuten *nicht* an ein Auto zu denken. Ist es Ihnen gelungen? Natürlich nicht. Sie haben sicherlich die ganzen zehn Minuten ständig an ein Auto gedacht! Der klare Auftrag, nicht an ein Auto zu denken, ist einfach ignoriert worden, so als habe es das Wort »nicht« gar nicht gegeben. Und so wirkte als Auftrag: »Denke an ein Auto«. Und so geschah es dann auch.

Das Unterbewusstsein kennt keine Verneinungen.

Es macht also einen entscheidenden Unterschied, ob Sie denken »Ich werde nicht wieder scheitern« oder »Ich werde erfolgreich sein«! Im ersten Fall hört Ihr Unterbewusstsein das Wort »scheitern«. Die Verneinung davor bleibt ohne Wirkung. Dieses Wort wird nun als Auftrag gewertet und Ihr Unterbewusstsein bemüht sich mit seinen unbegrenzten Möglichkeiten, dies umzusetzen. Es unterscheidet nicht, ob dieser Auftrag für den Auftraggeber gute oder schlechte Auswirkungen haben könnte. Ihr Unterbewusstsein ist Ihr treu ergebener Diener, der seinem Chef die völlige Freiheit der Entscheidung lässt. Es sagt sich:

»Wenn mein Chef es so will, dann tue ich es. Wenn mein Chef scheitern will, o.k., ich tue meinen Teil dazu«. So fängt es an, dass Dinge geschehen können, die Ihren eigentlichen Absichten und Plänen widersprechen.

Jeder gedankliche Auftrag wird angenommen und verarbeitet, so wie jede Eingabe in einen Computer verarbeitet wird. Es geht nichts verloren. Darum ist es von solch entscheidender Wichtigkeit, genau darauf zu achten, welche gedanklichen Aufträge Sie Ihrem Unterbewusstsein geben, welchen Gedanken Sie Zeit, Raum und Gefühle geben!

Ihr Unterbewusstsein ist Ihr machtvolles Instrument, mit dem Sie alles in Ihrem Leben erreichen können!

Dies wird keine Abhandlung über das Wesen und die Bedeutung des Unterbewusstseins sein. Dennoch füge ich einige Gedanken an, die Sie zumindest neugierig machen mögen, sich selbst damit zu beschäftigen, und die Ihnen einige mögliche Dimensionen aufzeigen können.

Ihr Unterbewusstsein ist Ausdruck Ihres Kontaktes zur »anderen Welt«.

Ob Sie diese Welt als Gott, Kosmos, Ewigkeit, kollektives Unterbewusstsein oder ewiges Licht bezeichnen, spielt keine Rolle. Dies aber ist der Grund dafür, dass das Unterbewusstsein nicht Ihren bewussten Vorstellungen von Raum und Zeit entspricht. Es kennt keine Begrenzungen und hat seine eigenen Gesetzmäßigkeiten, von denen wir einige beschreiben können. Wegen dieses Kontaktes zur anderen Welt können Sie davon ausgehen, dass Ihr Unterbewusstsein Kontakt zu den unbegrenzten Möglichkeiten des Universums hat und ebenso Kontakt zu jener universellen Weisheit, die wir nur erahnen können. Sie können also Ihrem Bewusstsein nicht vorschreiben, auf welche Weise und mit welcher Geschwindigkeit Ihre gedanklichen Aufträge umgesetzt werden.

In diesem Zusammenhang sind auch die Begriffe »Intuition« bzw. »innere Stimme« zu erwähnen, zu denen manche Menschen sich einen guten Zugang bewahrt haben. Auch Sie haben sicherlich durch Ihre Erziehung das Bild gewonnen, dass Intuition weniger wichtig sei als Ihr Verstand. Der Verstand wird immer wieder als letzte und wichtigste »Kontrollinstanz« bezeichnet und als Ausdruck menschlicher Intelligenz und Überlegenheit angesehen. Der Verstand ist jedoch begrenzt. Hingegen ist das Unterbewusstsein, die Intuition, das Fenster zur unbegrenzten Intelligenz.

Macht es Sinn, im Leben ausschließlich den Verstand zu verwenden, wenn er doch begrenzt ist? Ist es nicht viel interessanter, auf jene Möglichkeit zu achten, die Ihnen das Fenster zur unbegrenzten Intelligenz bietet? Ihnen fällt sicherlich, wie uns allen, der Umgang mit dem Unterbewusstsein und der Intuition nicht sehr leicht, zumal die Intuition meist mit leiser Stimme spricht. Es ist schon erforderlich, genau hinzuhören und immer bereit dafür zu sein, diese leise Stimme zu hören. Ich kenne Menschen, die auch in der Wirtschaft großen Erfolg haben und viele wichtige Entscheidungen treffen. Viele Erfolgreiche antworten, wenn man sie danach fragt, ob sie bei Entscheidungen mehr auf ihren Verstand oder auf ihre Intuition achten, ohne Zögern, dass sie zwar mit ihrem Verstand die Entscheidungsmöglichkeiten analysieren, letztlich aber der Intuition »das letzte Wort« geben. Der Erfolg gibt ihnen Recht.

Sie können Ihr Unterbewusstsein auch als »Großversandhaus des Lebens« ansehen, das jede ernsthafte und realistische Bestellung bearbeitet. Allerdings müssen Sie den Umstand berücksichtigen, dass Sie die Lieferzeit nicht kennen. Aber Sie können sich darauf verlassen, dass Ihre gedankliche Bestellung

Auswirkungen auf die Lieferung dieses »Großversandhauses des Lebens« hat. Damit haben Sie eine wundervolle Möglichkeit, die für Ihr Leben als wichtig angesehenen Ereignisse »zu bestellen«. Spüren Sie nicht auch bereits frischen Wind in Ihrem Leben, da Sie beginnen zu erkennen, dass Sie selbst so viel erreichen können? Es hängt lediglich von der Auswahl Ihrer Gedanken ab.

Nun sagen Sie sicherlich, das ist zu schön, um wahr zu sein! Da muss es doch einen Haken geben! Ja, Sie haben vollkommen Recht! Da gibt es einen entscheidenden Haken! Wenn Sie diesen Haken jedoch im nächsten Kapitel kennen gelernt haben, wird er für Sie keine Bedeutung mehr haben.

Unterbewusstsein

Ein guter Gärtner pflanzt nur die Samen, die auch wachsen sollen

- Ihr Unterbewusstsein ist das Medium, durch das Ihre Gedanken wirksam werden.
- Ihr Unterbewusstsein ist wie ein Humusboden, der die Saat Ihrer Gedanken wachsen lässt.
- Ihr Unterbewusstsein ist neutral und bestrebt, alles, was Sie oft oder verbunden mit intensiven Gefühlen denken, ob positiv oder negativ, unbeirrt in die Realität umzusetzen.
- Ihr Unterbewusstsein kennt keine Verneinungen. Ihr Gedanke »Ich bin nicht erfolglos«, wird bewertet als »erfolglos« und entsprechend umgesetzt.
- Ihr Unterbewusstsein ist Ihr machtvolles Instrument, mit dem Sie Ihre Ziele in Ihrem Leben erreichen können.
- Ihr Unterbewusstsein ist Ihre Verbindung zur »anderen Welt«. Seine Möglichkeit, mit Ihnen zu sprechen, ist die Intuition.
- Ihr Unterbewusstsein funktioniert wie das »Großversandhaus des Lebens«, bei dem Sie jedoch die Lieferzeit nicht kennen.

Zweifel und Ängste

Stornieren Sie nicht Ihren eigenen Auftrag an Ihr Unterbewusstsein

Wie heißt nun dieser »Haken«, der dafür sorgt, dass das Bestreben, jeden intensiv gedachten Gedanken in die Wirklichkeit umzusetzen, neutralisiert werden kann? Dies ist wichtig zu wissen, denn Sie kennen es sicherlich aus eigener Erfahrung, dass so vieles, das Sie sich inständig erdacht haben, doch nicht wahr geworden ist. Wie oft haben Sie das Gefühl gehabt, dass Ihre Bestellung beim Großversandhaus des Lebens letztlich doch nicht ausgeführt worden ist? Kennen Sie die Überlegung in manchen Situationen, dass es sowieso keinen Sinn macht, sich selbst um etwas in Ihrem Leben zu kümmern, weil es doch »schicksalhaft« anders kommt und Sie doch nichts daran ändern können?

Genau dieser Gedanke führt dazu, dass Sie diese Ansicht bestätigt bekommen! Hier zeigt sich wieder die sich selbst erfüllende Prophezeiung, die dafür sorgt, dass Ihre negative Annahme Wirklichkeit wird.

Der »Haken« an der Möglichkeit, dass Sie Ihr Leben mithilfe Ihrer Gedanken bestimmen können, hat viele Namen: Ängste, Misstrauen, Zweifel, Skepsis, Pessimismus etc. Dies sind in der Tat sehr wirkungsvolle Methoden, die Realisation der Gedanken zu blockieren.

Jeder konstruktive Gedanke wird durch Zweifel und Misstrauen neutralisiert.

Warum dies so ist, ergibt sich logisch aus den vergangenen Kapiteln. Weil das Verstehen dieser Zusammenhänge aber so wichtig dafür ist, ein erfülltes Leben zu haben, fasse ich noch einmal einige wesentliche Aspekte zusammen.

Das Unterbewusstsein, Ihr lebenslanger treuer Diener, will klare und intensive Befehle haben. Wenn Sie also ein Projekt beginnen, von dessen Erfolg einiges abhängt, so sind Ihr Mut, Ihr Optimismus, Ihr Vertrauen in den Erfolg klare Anweisungen, mit denen Ihr Unterbewusstsein arbeiten kann. Wenn Sie jetzt denken: »Ach, das schaffe ich ja sowieso nicht; das wird genauso schief gehen, wie es immer passiert, weil ich ein Versager bin«, dann erkennt Ihr Unterbewusstsein, dass Sie es mit dem Auftrag des Erfolges offenbar nicht so ernst meinen und setzt die Umsetzung dieses Auftrages aus oder verzögert dies zumindest.

Sie bekommen dann Ihre negative Erwartungshaltung wunderschön bestätigt, die dazu führen wird, dass Sie bei künftigen Vorhaben ähnliche Erfahrungen machen werden. Ja, Sie haben dann wirklich Recht: Sie sind erfolglos geblieben! Ich wünsche Ihnen jedoch die Ehrlichkeit mit sich selbst, sich zu fragen, welchen Anteil Sie an dieser Erfolglosigkeit hatten. Wenn Sie jetzt noch der vertrauten Opferrolle verfallen, die Ihnen suggeriert, dass Sie ja gar nichts dazu können, dann tut dieses eigene Bedauern zwar kurzfristig ganz gut. Jedoch haben Sie sich damit dazu entschieden, dass sich an der Erfolglosigkeit nichts ändern wird. Wollen Sie das?

Ihren Zweifel am eigenen Erfolg wertet Ihr Unterbewusstsein als Aufforderung, Erfolglosigkeit herbeizuführen.

Hier zeigt sich auch die Wirkung des Resonanzprinzips: Negative Gedanken kehren verstärkt negativ zurück. Gedanken des Zweifels am Erfolg kehren als Misserfolg zurück. Sie brauchen also den Gedanken »Ich bin sowieso erfolglos« gar nicht konkret zu formulieren, denn bereits der Gedanke »Ich bezweifle, dass ich erfolgreich sein werde« hat die gleiche Auswirkung: Ihr Unterbewusstsein versteht, dass Sie es mit dem Erfolg anscheinend nicht so ernst meinen und wohl doch lieber erfolglos sein wollen.

Wenn Sie den Wunsch haben, erfolgreich zu sein, dann drücken Sie damit auch aus, dass Sie Vertrauen in das Leben haben, diesen Erfolg möglich zu machen, d.h. sie trauen dies dem Leben zu. Vertrauen haben in etwas ist eine wichtige Energie, die Sie aussenden. Denken Sie daran, wie gut es Ihnen tut, wenn jemand Ihnen sein ganzes Vertrauen schenkt. Er traut Ihnen etwas zu und deshalb treten Sie diesem Menschen mit einer ganz anderen Haltung entgegen, als einem Menschen, der Ihnen misstraut bzw. Ihnen nichts zutraut. Im letzteren Fall ziehen Sie sich doch sicherlich von diesem Menschen zurück, nicht wahr?

Nun wird deutlich, was es heißt, dem Leben zu vertrauen! Sie trauen dem Leben etwas zu und zeigen damit Ihre Wertschätzung dem Leben gegenüber. Das Leben tritt im Gegenzug auch Ihnen mit dieser positiven Haltung gegenüber und macht damit erst das möglich, was Sie sich wünschen. Wie oft haben Sie dem Leben misstraut bzw. ihm nichts zugetraut? Wie oft haben Sie erlebt, dass das Leben sich als unvermeidliche Reaktion darauf sich von Ihnen zurückzieht und Ihnen auch nichts zutraut?

**Wenn Sie dem Leben vertrauen,
dann wird das Leben Ihnen vertrauen.**

Kann es funktionieren, wenn Sie sagen: »Ich möchte, dass du, Leben, mir einen Gefallen tust und mir hilfst, aber ich misstraue dir bzw. ich traue es dir nicht zu«? Wird das Leben dann nicht verständnislos den Kopf schütteln und sich fragen: »Was soll das denn«? Auch hier zeigen sich die Auswirkungen des Prinzips der Resonanz bzw. des Spiegels: Wer Misstrauen sät, wird Misstrauen ernten. Wer keinem etwas Gutes zutraut, dem wird nichts Gutes zugetraut.

Das Prinzip der Resonanz gilt universell, im kleinen Maßstab wie im großen. Ebenso gilt das Schwerkraftgesetz für einen kleinen Kieselstein, der zu Boden fällt, wie auch für die Planeten in der Anziehungskraft der Sonne.

Es gibt keine Ungerechtigkeit im Leben! Alles funktioniert nach den gleichen universell geltenden Gesetzmäßigkeiten. Jede Ursache hat ihre Wirkung. Das ist die wahre Gerechtigkeit des Lebens. Sie ist einfach und logisch sowie für jeden leicht verständlich. Es gibt also keine Ausrede, man habe es nicht verstanden. Und es gibt keinen, den Sie zur Verantwortung ziehen können, außer sich selbst.

Wenn Sie immer wieder die Gedanken des Misstrauens und des Zweifels haben und sie nicht vertreiben, dann werden Misstrauen und Zweifel immer wirkungsvoller.

**Worauf Sie Ihre Aufmerksamkeit richten,
dorthin fließt Ihre Lebenskraft.**

Die Ihnen zur Verfügung stehende Lebensenergie wird mittels Ihrer Gedanken in die Muster »Misstrauen« und »Zweifel« kanalisiert. Diese Muster werden damit also mächtiger. Haben Misstrauen und Zweifel ohnehin schon neutralisierende Wirkung auf Ihr Unterbewusstsein, so verstärken Sie damit deren Wirkung, sodass Ihr Unterbewusstsein tatsächlich einen negativen Auftrag erhält:

**Der Zweifel an der Lösung eines Problems bedeutet
die Entscheidung und den Auftrag, das Problem zu behalten.**

Mangelndes Vertrauen in das Leben, dass Ihr Ziel zu erreichen sein wird, bedeutet eben auch eine Geringschätzung, eine Abwertung des Lebens. Sie trauen es ihm ja nicht zu! Ausgerechnet dem Leben mit seinen universellen Möglichkeiten – schauen Sie sich in der Welt um – bringen Sie mit Ihrem Zweifel eine gewisse abwertende Geringschätzung entgegen! Wird Ihnen nun bewusst, welche Art von Energie Sie immer wieder aussenden? Gewiss, es mag Ihnen bislang nicht so bewusst gewesen sein. Aber nun ahnen Sie es. Ich kann Ihnen nur empfehlen, sich immer wieder in Ihrem Leben darüber klar zu werden, welche Art Energie Sie an das Leben aussenden.

In die Realisation eigener Wünsche zu vertrauen ist auch Ausdruck von Eigenliebe, von fürsorglichem und liebevollem Umgang mit sich selbst. Sie »gönnen« es sich selbst, weil Sie es sich wert sind. Zweifel und Misstrauen sind somit auch ein Zeichen eines lieblosen und unachtsamen Umganges mit sich selbst.

Wenn Sie sich selbst nichts gönnen, wird das Leben Ihnen auch nichts gönnen.

Wie könnte es denn auch? Wie soll das Leben die Chance haben, Ihren Wunsch ernst zu nehmen, wenn Sie selbst durch Ihren Zweifel Ihren Wunsch nicht ernst nehmen und nach außen vertreten?

Was für Zweifel und Misstrauen gilt, ist auch auf die Ängste übertragbar. Damit meine ich nicht die Angst vor engen Räumen, Angst vor Höhe etc., sondern die allgemeine Lebensangst, die Angst vor der Zukunft. Haben Sie sich schon öfters angstvoll gefragt: »Wie soll das bloß noch alles werden?« Es gibt sicherlich so manche Situation, in der diese Frage nachvollziehbar ist. Und doch: Gerade weil so eine Situation problematisch ist, ist es so wichtig, alle möglichen Maßnahmen und Kräfte zu mobilisieren, um von dem Problem weg in die Lösung zu kommen!

Solche Ängste sind auch Ausdruck eines gewissen Misstrauens in das Leben. Sie haben gerade von der Auswirkung solches Misstrauens gelesen. Damit lassen sich also gewiss keine Probleme lösen.

Ängste vor der Zukunft schaffen Situationen, vor denen Sie wiederum Angst haben können.

Das Kapitel *Loslassen* beschreibt ausführlich, wie ein Weg heraus aus diesen Ängsten aussehen kann.

Es ist, wie es ist. Ich akzeptiere, wie es ist. Ich gehe den nächsten Schritt. Wenn es Ihnen gelingt, diese Erkenntnis wirklich in Ihre Lebenshaltung zu integrieren und tagtäglich zu leben, dann gibt es keine Situation mehr, in der es Ihnen nicht möglich sein wird, dies umzusetzen. Das hat mit Schicksalsergebenheit nichts zu tun. Im Gegenteil! Im Annehmen der realen Situation und des damit verbundenen Vertrauens in eine Lösung schaffen Sie optimale Bedingungen, um einen guten Weg heraus aus Ihrem Problem zu finden.

Wenn Sie etwas Wichtiges vorhaben, dann schafft Ihnen diese innere Haltung die Überzeugung: »Auch wenn nicht genau das eintritt, was ich mir gedacht habe, dann werde ich die Möglichkeit haben, dies dennoch zu akzeptieren. Dann werde ich möglicherweise in einem nächsten Schritt meinem eigentlichen Ziel näher kommen.« Solch ein Vertrauen in die Lösung und somit ein Vertrauen in das Leben wird entsprechende Auswirkungen haben.

Wenn Sie in jeder Situation Ihr Vertrauen in die Lösung finden, dann gibt es keine Angst vor der Zukunft mehr.

Vertrauen in das Leben bedeutet das Ende der Angst vor der Zukunft.

Natürlich ist es einfacher gesagt als getan, sich von Ihrem Zweifel zu lösen, die Zweifel zu »entsorgen«. Dies wird, wie auch bei anderen negativen Denk- und Verhaltensmustern, jedoch einfacher, wenn Sie sich Fragen stellen, die Sie sich bislang noch nicht gestellt haben. Ich erlebe es immer wieder, dass Menschen zwar die Erfahrung gemacht haben, dass gewisse Muster keine konstruktive und gute Wirkung haben, dennoch aber beharrlich daran festhalten.

Warum halten Sie an Denkmustern fest, von denen Sie genau wissen, dass sie Ihnen nicht gut tun? Was für einen Gewinn also ziehen Sie aus diesen Mustern? Welchen Vorteil haben Sie damit? Welchen Vorteil haben Sie in diesem Fall durch Ihr Zweifeln? Reagieren Sie empört auf solche Fragen? Dann erklären Sie mal einem anderen Menschen, warum Sie immer wieder genau das tun, wovon Sie bislang nur Nachteile hatten. Es müssen doch auch Vorteile dabei sein, sonst würden Sie doch nicht immer wieder daran festhalten!

Stellen Sie sich vor, Sie haben ein für Sie wichtiges Vorhaben, über dessen Gelingen Sie sich sehr freuen würden. Nun gibt es zwei gegensätzliche Möglichkeiten: Sie erreichen Ihr Ziel oder nicht. Im ersten Fall würden Sie sich freuen, im zweiten wären Sie enttäuscht. Nun kommen die Fragen. Haben Sie eine konstruktive Möglichkeit, mit dieser Enttäuschung umzugehen, oder nehmen Sie an, dermaßen unglücklich zu sein, dass es Sie geradezu in die Knie zwingt? Können Sie bei Nichtgelingen sagen: »O.k., es ist, wie es ist, ich akzeptiere es und gehe den nächsten Schritt weiter«, oder sagen Sie sich dann: »Um Himmels Willen, dann weiß ich ja gar nicht mehr weiter!«? Wenn Sie das Zweite denken, haben Sie ein Problem.

Es gibt hier die Möglichkeit, dem Denkmuster der »sauren Trauben« zu verfallen. Es wird in einer Fabel beschrieben, wie ein Fuchs voller Begehren über seinem Kopfe Weintrauben sieht. Sie hängen aber sehr hoch und er weiß nicht, wie er sie erreichen soll. Um der aufkeimenden Enttäuschung zu begegnen, sagt er sich: »Wahrscheinlich sind die Trauben sowieso viel zu sauer.« Dadurch ist er nicht mehr enttäuscht – aber er wird die Trauben auch nie erreichen (die möglicherweise doch süß sind), weil er sich gar nicht erfinderisch darum bemüht, sie dennoch zu erreichen.

Sind Ihre Zweifel Zeichen eines »Saure-Trauben«-Denkmusters?

Wenn Sie zweifeln, dann sagen Sie sich: »Das werde ich ja wahrscheinlich doch nicht schaffen«, was dann dazu führt, dass in einem solchen Fall die Enttäuschung sich in Grenzen hält: »Ich habe es ja gleich gewusst!«

Der Vorteil aus dem Denkmuster des Zweifelns besteht also darin, die mögliche Enttäuschung möglichst gering zu halten. Das ist sicherlich sehr wichtig, solange Sie Angst vor dieser Enttäuschung haben und keine Möglichkeit gefunden haben, mit der Situation eines Nichtgelingens gelassen umzugehen.

Nur: Mit diesem Vorteil haben Sie sich aber auch einen gewaltigen Nachteil eingehandelt. Wenn Sie zweifeln, dann erhöhen Sie die Wahrscheinlichkeit, dass genau das eintritt, wovor Sie Angst haben: das Nichtgelingen. Angesichts dieser Folgen eines Denkmusters ist die Frage sicherlich angebracht und sinnvoll: Macht das Zweifeln Sinn?

Zweifel und Misstrauen stornieren Ihren Auftrag an das Leben.

Wird Ihnen jetzt vielleicht etwas klarer, warum so manches in Ihrem Leben nicht funktioniert hat? Klare gedankliche Aufträge ohne Zweifel und Misstrauen sind ernsthafte und effektive Möglichkeiten, Ihr Unterbewusstsein und das Leben zu veranlassen, die Realisierung Ihrer Gedanken zu beginnen. Wenn es Ihnen gelingt, diese Erkenntnis sich immer zu vergegenwärtigen, dann haben Sie einen großen Schritt getan, um Ihrem Leben wichtige positive Impulse zu geben. Sie haben viel größere Möglichkeiten Ihr Leben zu gestalten, als Sie möglicherweise bislang angenommen haben! Nutzen Sie Ihren Einfluss!

Zweifel und Ängste

Stornieren Sie nicht Ihren eigenen Auftrag an Ihr Unterbewusstsein

- Jeder konstruktive Gedanke, jeder Auftrag an Ihr Unterbewusstsein wird durch Zweifel und Misstrauen neutralisiert.
- Ihr Zweifel am eigenen Erfolg drückt ein Misstrauen in das Leben aus.
- Nur wenn Sie dem Leben vertrauen, wird das Leben auch Ihnen vertrauen bzw. Ihnen etwas Gutes anvertrauen.
- Ihr Zweifel an der Lösung eines Problems bedeutet die Entscheidung und den Auftrag, das Problem behalten zu wollen.
- Mangelndes Vertrauen in das Leben bedeutet eine Geringschätzung des Lebens. Welche Resonanz des Lebens können Sie hieraus erwarten?
- Zweifel am Gelingen Ihres Vorhabens erhöhen die Wahrscheinlichkeit, dass genau das eintritt, wovor Sie sich fürchten: das Nichtgelingen Ihres Vorhabens.
- Vertrauen in das Leben bedeutet das Ende der Angst vor der Zukunft.
- Ein Vorteil der Strategie des Zweifelns liegt darin, keine Enttäuschungen erleben zu müssen. Dies ist dann wichtig, wenn Sie keine Möglichkeit sehen, mit einer Enttäuschung bei einem Nichtgelingen Ihres Vorhabens konstruktiv umzugehen.

Ereignisse im Leben

Was Sie morgen ernten wollen, müssen Sie heute säen

Hier schließt sich der Kreis, den ich im ersten Kapitel begonnen habe. Ausgehend von Ihrer derzeitigen Lage haben Sie eine große Rundreise durch einige wichtige Zusammenhänge im Leben unternommen. Stehen Sie nun genauso da wie am Anfang? Ich denke, es ist so manches deutlich geworden.

Zunächst aber gilt es etwas festzuhalten, was Ihnen möglicherweise gar nicht behagt:

Sie haben am Entstehen Ihrer jetzigen Lage mitgewirkt.

Ich gehe noch weiter: Sie haben Ihre eigene Gegenwart geprägt, Sie sind verantwortlich dafür, zumindest mitverantwortlich! Diese Behauptung mag Ihnen im Hals quer stecken bleiben und Sie mögen abwehrend oder empört reagieren. Das kann ich gut verstehen, es ging mir selbst genauso. Aber fragen Sie sich doch mal, wer für Ihre gegenwärtige Lage verantwortlich ist: Die anderen? Das Schicksal? Oder Sie selbst?

Haben Sie sich bislang als Opfer gefühlt? Ist es Ihnen gelungen, neben diese Opferrolle ein Fragezeichen zu setzen? Wenn Sie sich klar und deutlich nach dem eigenen Anteil am Mechanismus des Zustandekommens der Wirklichkeit fragen und sich um eine ehrliche Antwort bemühen, dann werden Sie nicht umhinkönnen, einen sehr großen eigenen Anteil zu erkennen.

Hier jedoch lauert eine gedankliche Falle! Eine Frau in einer leidvollen Situation erkannte im Laufe der Therapiegespräche den hohen eigenen Anteil. Sie reagierte sehr depressiv und jammernd-anklagend: »Da geht es mir schon so schlecht und nun soll ich auch noch selbst schuld daran sein!?« Sie hatte also in ihrer Opferrolle einen gewissen Gewinn gehabt! Solange sie sich unschuldig fühlte, hatte sie diese depressive Reaktion vermieden. Es dauerte eine Zeit lang, ehe sie solche Gedankenmuster wieder verlassen konnte und erkannte, welch große konstruktive Kraft in dieser Erkenntnis lag.

Natürlich geht es hier nicht um Schuldzuweisungen! Sie können sich zwar dazu entscheiden, dies als Anlass zu nehmen, sich erst recht als Opfer zu sehen, nicht nur als Opfer des Schicksals oder der anderen, sondern sogar Opfer ihrer eigenen (angeblich) negativen Eigenschaften! Aber gibt es nur diese Möglichkeit, über die Erkenntnis der eigenen Beteiligung zu denken? Im Kapitel *Gefühle* haben Sie gelesen, dass es auch andere Möglichkeiten gibt, über etwas zu denken, was entsprechend auch ganz andere Gefühle zur Folge haben wird. Ja, gewiss, Sie selbst sind an den Ursachen Ihrer gegenwärtigen Lage beteiligt gewesen. Jede Situation hat ihre Ursache. Von nichts kommt nichts.

Sie ernten heute das, was Sie gestern gesät haben.

Das jedoch ist kein Grund, sich für selbst anklagende Gedanken zu entscheiden und schuldbewusst das Haupt zu senken, sondern vielmehr eine Gelegenheit, die eigenen Möglichkeiten, den eigenen Einfluss, die eigene Macht zu erkennen und hocherhobenen Hauptes nach vorn zu schauen! Situationen, die Sie selbst geschaffen haben, können Sie auch wieder verändern! Bei Situationen, von denen Sie annehmen, dass andere sie geschaffen haben, werden Sie kaum die eigene Einflussmöglichkeit erkennen. Bleiben Sie gedanklich bei Ihrem eigenen Anteil. Nur so haben Sie die Gewissheit der eigenen Gestaltungsmöglichkeiten.

Indem Sie diese Zusammenhänge zumindest teilweise als zutreffend ansehen, ist damit für Sie zunächst etwas Unangenehmes verbunden: Sie können sich nicht mehr aus der Verantwortung für sich selbst stehlen. Sie können sich nicht mehr unwissend stellen, denn nun wissen Sie um die Zusammenhänge! Es war ja so herrlich bequem, Verantwortung für die eigene Lage auf andere oder das Schicksal zu schieben. Es ging Ihnen zwar dabei nicht besonders gut, aber Sie sahen keine Notwendigkeit eigener Veränderungen. Darin sahen Sie einen Vorteil für sich, denn Veränderungen zu beginnen bedeutet auch zunächst Anstrengung. Aus einer lange eingefahrenen Langlauf-Skispur kommen Sie nur mit gewisser Mühe heraus.

Schauen Sie sich Ihr heutiges »Blumenbeet des Lebens« an. Was wächst dort? Sind dies nur die schönen Blumen, die sie erhofft hatten? Oder wachsen dort auch Unkraut und Disteln (natürlich können auch Disteln als schön angesehen werden)? Wer hat die Samen in der Vergangenheit in die Erde getan? War dies jemand anders als Sie selbst? Überlegen Sie doch mal, wie viel »Unkraut-Samen« Sie damals mit eingesät haben! Alles, was Sie säen, wird wachsen und größer werden. »Wer Wind sät, wird Sturm ernten«, heißt es zutreffend im Volksmund.

Ihre Gedanken haben dabei nicht nur Auswirkungen auf Ihr Leben, sondern natürlich auch auf Sie selbst! Die Energie Ihrer Gedanken kehrt ja zu Ihnen zurück und beeinflusst und prägt auch Sie selbst. Darum geht an folgenden schlichten Sätzen kein Weg vorbei:

Sie sind das, was Sie von sich denken. Ihr Leben ist das, was Sie von Ihrem Leben denken.

Ihre derzeitige Lage ist aber nicht nur Folge Ihres gedanklichen Aussäens. Sie haben im Kapitel *Probleme und Leid* über Möglichkeiten gelesen, auf welche Weise leidvolle Erfahrungen in Ihrem Leben zustande kommen können. Wie oft haben Sie die unfreiwillige Methode des Lernens gewählt? Wie oft haben Sie selbst das Schicksal dazu veranlasst, Sie mittels leidvoller Erfahrungen auf Ihre Lebensaufgabe hinzuweisen? Wie oft haben Sie in Ihrem Bestreben nach einem »schönen und bequemen Leben« es vermieden, sich verantwortlich für Ihre Lebensaufgabe zu fühlen? Wie oft haben Sie genau mit diesem Verhalten Ihre leidvollen Erfahrungen erst möglich gemacht?

So schmerzlich es auch ist, sich die eigene Beteiligung am Zustandekommen der eigenen misslichen Lage einzugestehen, und so groß auch die Versuchung sein mag, auf diese Erkenntnis selbst anklagend zu reagieren, so steckt doch in dieser Betrachtung ein unglaublich reiches Potential!

Wenn Sie Ihre Gegenwart gestaltet haben, dann können Sie auch Ihre Zukunft gestalten!

Spätestens an diesem Punkt, so hoffe ich, werden Sie tief durchatmen. Begreifen Sie Ihre Möglichkeiten, ja, Ihre Macht? Sie selbst tragen den Schlüssel für ein erfülltes Leben in sich! Sie müssen diesen Schlüssel nicht bei anderen suchen (wogegen sich die anderen verständlicherweise verwahren). Wenn Sie diesen Schlüssel bei anderen Menschen oder den so genannten »Umständen« suchen, dann werden Sie ein Leben lang suchen und Ihr Leben wird sich nicht zum Positiven verändern. Sie sind nun dabei, diesen Schlüssel in sich zu finden! Und wenn Sie den Schlüssel haben, dann können Sie ihn auch anwenden und die für Sie wichtigen Türen aufschließen.

Sie haben machtvolle Instrumente bzw. Schlüssel zur Verfügung: Ihre Gedanken und Ihr Unterbewusstsein, mit denen Sie letztlich alles erreichen können, was Sie wollen. Es gibt unzählige Menschen, die die Richtigkeit dieser Zusammenhänge erfahren haben und die sich auf eine faszinierende Reise begeben haben zu erkennen, welche Möglichkeiten in ihnen stecken. Das wird Ihnen jedoch wenig nutzen, solange Sie sich nicht selbst auf die Reise machen. Von dem neuen Land, das Columbus entdeckt hat, haben Sie keinen Vorteil, solange Sie selbst dieses Land nicht aufsuchen und es betreten. Damit Sie nun wirklich anfangen, »die Koffer zu packen«, möchte ich noch einmal einige Aspekte besonders betonen.

Sie können getrost auf die Gerechtigkeit des Lebens bauen, die Ihnen garantiert, dass die Ursachen, die Sie selbst setzen, auch entsprechende Folgen haben werden. Kennen Sie eine andere Gerechtigkeit? Es gibt keine Zufälle, sondern lediglich Dinge, die Ihnen »zufallen«, weil entsprechende Ursachen gesetzt worden sind. Dass diese Ursachen oft unbekannt sind, mag sein. Es gibt auch kein ungerechtes Schicksal, das Ihnen zumutet, ein Leben zu führen, das Sie nicht führen wollen.

Sie haben sich zu dem Leben, das Sie jetzt führen, selbst entschieden.

Ich kenne keine andere Instanz, die dies für Sie entscheiden könnte. Mag sein, dass Sie Ihre Lebensaufgabe mitbekommen haben, aber Sie haben selbst die freie Entscheidungsmöglichkeit, sich diesen Aufgaben zu stellen oder nicht. Sich verantwortungsbewusst diesen Aufgaben zu stellen, bedeutet die Voraussetzung für ein erfülltes Leben. Wenn Sie die Aufgaben des Lebens nicht ernst nehmen, warum sollte das Leben dann Sie selbst und Ihre Wünsche ernst nehmen?

Was sind Ihre Ziele in Ihrem Leben? Was möchten Sie erreichen, wo wollen Sie hin? Wenn Sie aufhören möchten, problemorientiert zu denken und damit Ihren Problemen weiter

Nahrung zu geben, und damit beginnen wollen, lösungsorientiert zu denken, um den Lösungsmechanismen Nahrung zu geben, dann ist es natürlich ganz wichtig, sich darüber klar zu sein, in welcher Richtung die Lösung liegen soll.

Ihre Gedanken brauchen ein Ziel.

Nur wenn Sie dieses Ziel genau kennen, können Sie Ihre Gedanken mit wirkungsvoller Energie ausstatten. Stellen Sie sich immer wieder vor, wie Ihr Ziel aussehen mag, denn damit erreichen Sie die beiden wesentlichen Voraussetzungen für ein Streben nach Verwirklichung: immer wiederkehrende Gedanken und die damit verbundenen Gefühle.

Visualisieren Sie Ihre Ziele, malen Sie sie in allen Details, Farben und Gefühlen in Ihrer Fantasie aus! Stellen Sie sich vor, Sie sitzen im Kino und sehen einen Film über Ihr künftiges Leben, natürlich in Breitwandformat und Raumklang. Was spüren Sie bei dieser Vorstellung? Keimt da nicht irgendwo ein freudiges Gefühl auf, eine Vorfreude? Geben Sie sich ganz dieser Vorfreude hin, sie mag dann vielleicht zur unbändigen Freude werden. Wenn Sie das immer wieder tun, dann können Sie sich darauf verlassen, dass dies Wirkung zeigt. Natürlich dürfen Sie dann keine Stornierung in Form von Zweifeln und Misstrauen hinterhersenden.

Sie können dem Leben vertrauen! Es gibt für jedes Problem eine Lösung. Es ist gleichgültig, was auch immer geschehen mag. Die Erde wird Sie immer tragen.

Sie haben immer alles, was Sie (wirklich) brauchen!

In jeder Situation wird es Ihnen möglich sein, sie ohne Hadern zu akzeptieren und deshalb Ihre Energie zu finden, um weiter in die Richtung Ihres Zieles zu gehen.

Dies hat nichts mit dem »positiven Denken« zu tun, bei dem die Gegenwart »positiv verbrämt« wie durch eine rosarote Brille betrachtet werden soll. Im Gegenteil! Es ist von entscheidender Wichtigkeit, die Gegenwart mit all den Mechanismen, die in diese Situation geführt haben, in aller Klarheit und Deutlichkeit zu erkennen! Nur wenn Sie die Mechanismen kennen, können Sie sie für die Zukunft verändern und damit für bessere Ereignisse sorgen. Ich selbst verwende darum den Begriff des positiven Denkens nicht mehr, weil er oft missverstanden wird. Sie werden ihn deshalb auch in diesem Buch nicht finden. Ich spreche lieber vom »konstruktiven Denken«, das lösungsorientiert ist. Sie können aber nur eine Lösung finden, wenn Sie das Problem genau kennen!

Konstruktives Denken sieht das Problem in aller Deutlichkeit und kann deshalb zur Lösung führen.

Konstruktiv an der Lösung eines Problems arbeiten beinhaltet natürlich auch aktiv sein. Hier gilt es jedoch, wachsam zu bleiben, denn es kann durchaus sein, dass wir durch zu viel Aktivität das Zustandekommen einer Lösung behindern oder gar verhindern. Zu viele Bemühungen um das Erreichen eines Zieles können das Erreichen dieses Zieles geradezu unmöglich machen.

Solche Situationen kennen Sie sicherlich: Sie wollen einem anderen davon erzählen, dass Sie vor ein paar Tagen einen bestimmten Menschen getroffen haben, merken aber, dass Ihnen der Name nicht einfällt: »Ich habe gestern Frau ..., äh, dings, na, wie heißt sie denn noch? Es liegt mir auf der Zunge ...« Noch so angestrengtes Nachdenken bringt Sie nicht weiter, der Name erscheint verschollen. Schließlich geben Sie auf, erzählen von etwas anderem und, siehe da, der Name fällt Ihnen plötzlich ein!

Was ist geschehen? Sie haben Ihrem Gedächtnis oder Ihrem Unterbewusstsein einen Auftrag erteilt, haben sich aber selbst angestrengt, vermutlich krampfhaft weiter darum bemüht. Das Ergebnis: Der Auftrag wurde nicht ausgeführt. Erst als Sie sich anderen Gedanken gewidmet haben, hat es funktioniert. Eine Bestellkarte, die Sie in den Briefkasten werfen, müssen Sie natürlich dort auch loslassen!

Zeitweises Loslassen Ihrer Bemühungen, ein Ziel zu erreichen, bringt Sie dem Ziel näher.

Auch Ihre gedanklichen Aufträge werden erst dann wirkungsvoll bearbeitet, wenn Sie sie loslassen. Dazu ist es notwendig, nach »Absenden« Ihrer Gedanken innerlich etwas zurückzutreten und es damit geschehen zu lassen. So wichtig die Entscheidung zu den richtigen Gedanken und deren Formulierung ist, also aktiv zu sein, so wichtig ist es auch, sie immer wieder loszulassen, also passiv zu sein. Die Polarität des Lebens zeigt Ihnen den Weg: Nur wenn Sie beides sind – aktiv und passiv –, dann kann zwischen diesen beiden Polen die Energie fließen und somit auch Neues geschehen. Krampfhaftes Festhalten an den Bemühungen wirkt wie ein Widerstand in einem elektrischen Kreislauf. Strom kann erst fließen, wenn der Widerstand weg ist.

Es gibt auch das schöne Bild eines Ruderbootes mit zwei Rudern. Auf dem einen Ruder steht »aktiv«, auf dem anderen »passiv«. Sie wissen, was geschieht, wenn Sie nur mit einem Ruder rudern, nicht wahr? Sie fahren im Kreis, egal, welches Ruder Sie allein benutzen. Erst der Einsatz beider Ruder bringt Sie weiter.

Wenn Sie eine gute Kombination von Aktivsein und Passivsein finden, werden Sie erstaunliche Dinge in Ihrem Leben verwirklichen können. Wenn Sie dem Leben vertrauen, dann wird das Leben auch Ihnen vertrauen. Wenn Sie es dem Leben zutrauen, dass positive Dinge geschehen, dann wird das Leben es auch Ihnen zutrauen.

Das Prinzip der Resonanz kann deshalb nicht hoch genug bewertet werden. Sie haben bereits ausführlich darüber gelesen. Ein Bild aus der Technik zeigt noch einmal, welche faszinierenden Möglichkeiten für Ihr Leben darin enthalten sind.

Stellen Sie sich vor, in Ihrem Zimmer steht ein Radioapparat. Sie haben den Sender »X« eingestellt und hören Popmusik. Im Nachbarhaus hat zur gleichen Zeit jemand an seinem Radio den Sender »Y« eingestellt und hört klassische Musik. Beide Musikarten ertönen gleichzeitig. Nun werden beide gefragt, Ihr Nachbar und Sie, wie die derzeitige Realität aussieht. Sie selbst werden antworten: »Meine Wirklichkeit ist momentan Popmusik«, Ihr Nachbar wird antworten: »Meine Wirklichkeit ist momentan klassische Musik«. Was stimmt? Wie ist die Wirklichkeit denn nun wirklich? Wer hat Recht? Überlegen Sie mal.

Natürlich haben beide Recht. Aber warum haben beide Recht, wo doch jeder die momentane Wirklichkeit anders erlebt? Die Antwort ist ebenso wichtig wie banal. Der Unterschied zwischen Ihnen und Ihrem Nachbarn besteht darin, dass jeder von Ihnen einen anderen Sender, also eine andere Empfangsfrequenz eingestellt hat. Diese Einstellung hat nun dafür gesorgt, dass aus der großen Vielzahl verschiedener Radioprogramme im Äther diese beiden bestimmten Programme hörbar wurden, also Realität wurden.

Die ganze Tragweite dieser Alltagserfahrung für Sie und Ihr Leben wird deutlich, wenn Sie das Wort »Radioprogramm« ersetzen durch das Wort »Lebensprogramm«. Welches Lebensprogramm empfangen Sie? Es ist ein anderes Lebensprogramm als das Ihres Nachbarn, nicht wahr? Schauen Sie sich um in der Welt, was es für verschiedene Lebensprogramme gibt. Genau wie in dem Beispiel Sie und Ihr Nachbar den gleichen Äther zur

Verfügung haben und dennoch unterschiedliche Musik hören, so leben wir alle in der gleichen Welt und erleben offensichtlich unterschiedliche Lebensprogramme.

Welche Lebensprogramme empfangen Sie?
Können Sie auch andere Programme empfangen?

Ist es möglich, dass auch Sie in sich, wie der Radioapparat, einen Empfangsknopf haben, den Sie verstellen können? Das hieße ja, dass Sie in der Lage wären, ein anderes Lebensprogramm zu empfangen, wenn es Ihnen denn nur möglich wäre, diesen Knopf zu finden und zu verstellen! Welch faszinierende Möglichkeiten wären damit verbunden! Ist es wirklich so?

Ja, es ist möglich, dass Sie Ihr Lebensprogramm verändern, indem Sie darauf achten, welche »Empfangsfrequenz« Sie eingestellt haben. Entsprechend dem Prinzip der Resonanz kann aus der Unzahl der verschiedenen in der Welt vorhandenen Lebensprogramme nur das für uns Wirklichkeit werden, für das jeder Einzelne die entsprechende (Resonanz-)Frequenz in sich trägt bzw. eingestellt hat.

Begeben Sie sich auf die Reise, um herauszufinden, wie dies bei Ihnen funktioniert. Werden Sie aktiv, übernehmen Sie Eigenverantwortung und finden Sie damit Ihre großen Möglichkeiten, selbst die Ereignisse in Ihrem Leben zu dirigieren, Ihre Gefühle selbst zu bestimmen und im liebevollen und achtsamen Umgang mit sich selbst zu einem erfüllten Leben zu kommen.

Dann wird es Ihnen möglich sein, aus dieser Fülle weiterzugeben, für andere da zu sein und Liebe in die Welt zu senden. Das ist dann Ihr Anteil an der Aufgabe der gesamten Menschheit.

Ereignisse im Leben

Was Sie morgen ernten wollen, müssen Sie heute säen

- Sie haben am Entstehen Ihrer jetzigen Lage mitgewirkt. Sie haben sich zu dem Leben, das Sie jetzt führen, selbst entschieden.
- Erkennen der eigenen Anteile bedeutet nicht Schuldgefühle, sondern das Erkennen der eigenen Macht bei der Gestaltung Ihres künftigen Lebens.
- Sie sind das, was Sie von sich denken. Ihr Leben ist das, was Sie von Ihrem Leben denken.
- Brechen Sie auf zu einer Entdeckungsreise, was in Ihrer Zukunft möglich sein kann.
- Wenn Sie morgen Früchte ernten wollen, müssen Sie heute die entsprechenden Samen säen.
- Sich konkret die eigenen Wünsche an die Zukunft vorstellen, gibt Ihren Gedanken die notwendigen Ziele.
- Was auch geschehen mag, das Leben wird Sie immer tragen.
- Konstruktives Denken sieht das Problem in aller Deutlichkeit, wendet sich dann aber zur Lösung und ermöglicht sie.
- Zeitweises Loslassen Ihrer Bemühungen, ein Ziel zu erreichen, bringt Sie dem Ziel näher.
- So wie Sie durch Drehen am Empfangsknopf eines Radios das Radioprogramm verändern, können Sie selbst Ihre »innere Frequenz« ändern, um ein entsprechend anderes »Lebensprogramm« zu empfangen.

Schlusswort

Haben Sie das Gefühl, sich in der »großen Stadt des Lebens« verirrt zu haben – und wissen nicht mehr weiter? So fragte ich Sie im Vorwort. Ich habe Sie auf einer langen Reise durch einige wichtige Gesetzmäßigkeiten des Lebens geführt, auf der Sie vieles kennen gelernt haben, was Sie möglicherweise bislang nicht kannten.

Wie ist Ihnen jetzt zumute? War es auch früher oft das Rätselhafte an Ihren Lebensproblemen, das Sie fast verzweifeln ließ? Wie können Sie denn auch aus einem Problem herauskommen, wenn Sie noch nicht mal verstanden haben, wie Sie überhaupt hineingekommen sind, nicht wahr? Ohne den Entstehungsmechanismus zu kennen, mussten Sie ja ständig mit der Angst leben, immer wieder in neue schwierige Lagen zu kommen, ohne dass Sie für sich eine Möglichkeit sahen, dies zu verhindern. Mit solch einer Lebensangst lässt sich nicht gut leben.

Was Sie in diesem Buch gelesen haben, mag Ihnen zwar faszinierend und nachvollziehbar erscheinen, dennoch höre ich immer wieder die Einwände: »Das sagt sich so leicht« oder »Es ist aber schwer, dies im Leben anzuwenden« oder »Das kann ich sowieso nicht erreichen«.

Und dennoch: Ohne Kenntnis dieser Zusammenhänge stehen Sie weiter »im Nebel«. Denken Sie an einen Polarstern. Natürlich werden Sie ihn nie erreichen. Und doch benötigen Sie ihn dringend, denn er gibt Ihnen immer wieder die Orientierung.

Die Gesetzmäßigkeiten des Lebens sind wie ein Polarstern.

Sie können sie nicht perfekt umsetzen, Sie können sich aber immer wieder daran orientieren, wenn Sie sich »verirrt« haben. Wir sind Menschen und darum fehlbar. Sie werden also immer wieder Ihre persönlichen Niederlagen haben. Aber Sie können sich dazu entscheiden, jammernd liegen zu bleiben oder aufzustehen und nach der eigentlichen Richtung zu schauen.

In der Übernahme der eigenen Verantwortung für Ihr Leben und der Loslösung von der Opferrolle finden Sie zu Ihrer eigenen Macht im Leben. Sie selbst bestimmen Ihr Leben, nicht die anderen! Sie bestimmen selbst, wie es Ihnen geht! Sobald Sie dies erkannt haben, werden Sie frei.

Es ist eine wunderbare Erkenntnis, dass die Gesetzmäßigkeiten des Lebens so einfach sind! Ihnen wird also nichts Unmögliches abverlangt. Doch nur wenn Sie Ihre Entscheidungsmöglichkeit nutzen, bestimmen Sie selbst, wie es Ihnen geht.

Es mag Leser geben, die Schwierigkeiten haben, für sich in Anspruch zu nehmen, selbst über ihr Leben zu bestimmen, Menschen, die dies als Anmaßung Gott gegenüber empfinden. Ich verstehe diesen Einwand, rege aber an, sich über folgende Überlegungen eigene Gedanken zu machen.

Ich bin davon überzeugt, dass Gott in dieser Welt durch uns wirken will. Hierzu benötigt er aktive Menschen, die deshalb auch die Möglichkeit der freien Entscheidung haben. Uns steht dafür eine grenzenlose Energie zur Verfügung. Mit unseren Gedanken, aber auch ganz bewusst mit unseren Gebeten formen wir eine Art Schablone, in die diese Energie fließen kann. In welcher Richtung dies geschieht, bleibt unserer eigenen Entscheidung überlassen. Dies hat aber natürlich entsprechende Konsequenzen für unser Leben und das Leben in der Welt. Ich denke, Gott erwartet nichts anderes von uns.

Es ist mir bewusst, dass viele Menschen mit dem Begriff »Gott« ihre Schwierigkeiten haben. Ich will Ihnen hiermit auch keine Überzeugung aufdrängen. Sie mögen Ihre eigenen Begriffe oder Vorstellungen von einer »oberen Instanz« haben.

Sie selbst bestimmen Ihr Leben. Dies ist aber nur möglich, wenn Sie es in das Spannungsfeld der Polarität im Leben integrieren können. Ihr Leben ist eingebettet in die vielfältigen Strömungen und Wellenbewegungen des Lebens. Ich hatte bereits den Delphin als Beispiel genannt, der sich ebenso eingebettet in die Wellenbewegungen der Meere sieht, ohne mit ihnen zu hadern und sie zu bekämpfen. Darum aber kommt er scheinbar spielerisch und mühelos weiter!

Sich in das Spannungsfeld der Polarität des Lebens einzubetten bedeutet aber auch, dass Sie die negativ empfundenen Phasen in Ihr Leben integrieren. Sie können sich Ihr Leben als prächtiges Mosaikfenster einer gotischen Kirche vorstellen. Es gibt hellgelb strahlende Steinchen darin, ebenso aber auch rabenschwarze. Erst der reiche und vielfältige Kontrast in allen Schattierungen lässt dieses Fenster so prächtig und wunderbar erscheinen! Nun stellen Sie sich mal ein solches Mosaik nur mit hellen Steinchen vor ...!

Die eigene Entscheidung für ein erfülltes Leben bedeutet nichts anderes als das Zusammenfügen der verschiedensten Steinchen zu einem großartigen Mosaik! Wirkliche Erfüllung und wirkliches Glück werden durch ein prächtiges Mosaikfenster symbolisiert und nicht ausschließlich durch helle Steine! Sie selbst fügen Ihr eigenes Lebensmosaik zusammen. Wie Ihr Mosaik letztlich aussieht, wie Sie sich in Ihrem Leben fühlen, ist Ihre eigene Entscheidung.

Ich wünsche Ihnen die Vorfreude, die mit dieser Erkenntnis verbunden ist, und die Beharrlichkeit, einen neuen Weg weiterzugehen. Hermann Hesse schreibt in seinem Gedicht *Stufen*:

»Und jedem Anfang wohnt ein Zauber inne, der uns beschützt und der uns hilft zu leben.«

Kennen Sie die Aufbruchstimmung vor einer wichtigen Reise? Sie beflügelt Sie und lässt Sie erwartungsfroh nach vorn schauen. So spüren Sie bereits eine neue Energie in sich, lange bevor Sie am Ziel Ihrer Reise angekommen sind. Und genau diese neue Energie wird Ihr Leben von nun an tragen und dafür sorgen, dass Sie sich bereits von dem Moment an besser fühlen, in dem Sie sich dazu entschieden haben, auf diese Reise zu gehen. Es bleibt immer Ihre eigene Entscheidung, mit den bisherigen leidvollen Erfahrungen aufzuhören.

Worauf warten Sie noch?

Anhang

Lebenshilfen

Im ersten Kapitel *Ihre derzeitige Lage* finden Sie eine kurze, sicher nicht vollständige Aufstellung einiger typischer Themen, die Menschen in ihrem Alltag häufig belasten und zu vielen leidvollen Erfahrungen führen. Sie sind auch immer wieder Inhalte meiner psychotherapeutischen Arbeit und es zeigt sich, dass die »Arbeit« an diesen Themen und die Bereitschaft der betroffenen Menschen, die damit verbundenen Zusammenhänge zu hinterfragen und zu verinnerlichen, bereits zu einer deutlichen Verbesserung der Stimmung, ja des Lebensgefühls führt. Diese Themen sind wichtige »Werkzeuge« und sollten Bestandteil Ihres »Werkzeugkastens des Lebens« sein.

Sie können sich selbst einem kleinen »Test« unterziehen und die von mir angesprochenen Themen auf den Seiten 13 bis 21 noch einmal lesen. Stellen Sie sich dabei vor, ein guter Freund bzw. eine gute Freundin steht vor diesen Problemen. Wie würden Sie mit ihm oder ihr sprechen, welche Hinweise, welchen Rat würden Sie geben?

Auf den folgenden Seiten finden Sie meine Überlegungen dazu. Ich habe gelegentlich bewusst kleine, fast banal klingende Beispiele gewählt, denn an ihnen lassen sich die inneren Mechanismen besonders anschaulich zeigen. Sie wissen ja: wie im Kleinen, so im Großen.

Abhängigkeit von anderen, es anderen recht machen

Es ist kaum zu glauben, aber folgende Situation führte bereits dazu, dass jemand seine gute Stimmung verlor und völlig deprimiert einen ganzen Nachmittag und Abend verbrachte: Frau S. hatte sich in der psychosomatischen Klinik mit Frau B. etwas angefreundet und auch schon einige Spaziergänge mit ihr unternommen. Eines Tages begegneten sich die beiden morgens in der Eingangshalle, Frau S. grüßte, aber Frau B. schien sie nicht wahrzunehmen und grüßte nicht zurück. Mittags geschah dasselbe. Frau S. stürzte emotional ab und war für den Rest des Tages am Boden zerstört. Als sie mir davon berichtete, standen Tränen in ihren Augen, sie war sehr deprimiert, aber sagte auch zornig-anklagend: »Warum kann sie mich denn nicht grüßen!? Dabei habe ich nun extra ihretwegen gestern einen interessanten Ausflug mit anderen abgesagt, weil sie mit mir spazieren gehen wollte. Und das ist nun der Dank!« Was würden Sie dieser Frau sagen?

Es ist offensichtlich: Sie hat ihr Befinden von dem Verhalten eines anderen Menschen abhängig gemacht. Hätte Frau B. gegrüßt, wäre es ihr gut gegangen. Nun hat Frau B. nicht gegrüßt und es ging ihr schlecht. Wer also hat bestimmt, wie es ihr geht? »Aber sie hätte doch zurückgrüßen können, das wäre doch wenigstens höflich gewesen!« Gewiss, das wäre höflich gewesen. Und Höflichkeit finden wir alle sehr angenehm. Nur: Was ist, wenn der andere mal nicht höflich ist? Haben Sie nur die eine Möglichkeit, sich schlecht zu fühlen? Es kommt mir manchmal so vor, als ob man sich dazu verpflichtet fühlt – und sich dann darüber beklagt! Wenn Sie sich also nur dann gut fühlen, wenn andere höflich sind, dann müssen Sie sich ja immer wieder schlecht fühlen, weil es einfach eine Realität ist, dass andere nicht immer höflich sind!

Natürlich ist das fragwürdige Verhalten anderer problematisch und es wird von Ihnen nicht erwartet, solch ein Verhalten gut zu finden. Aber Worte (oder Schweigen) eines anderen haben nur den Einfluss auf Sie, den Sie ihnen geben! Warum also geben Sie ausgerechnet einem fragwürdigen Verhalten so viel Macht?

Ich fragte Frau S. nach den wahren Gründen des Sich-schlecht-Fühlens. »Die andere hat mich nicht gegrüßt!« Ich: »Und was bedeutet das für Sie? Was hat sich für Sie dadurch (zu Ihrem Nachteil) konkret verändert?« Frau S.: »Sie will vielleicht nichts mehr von mir wissen.« Ich: »Und was bedeutet das für Sie?« Frau S.: »Dann fühle ich mich allein.« Ich: »Und was bedeutet das für Sie?« Frau S.: »Dann habe ich keinen mehr zum Reden.« Ich: »Und was bedeutet das für Sie?« Frau S.: »Dann habe ich einen Menschen weniger, der mich versteht.« Ich: »Und was bedeutet das für Sie?« Frau S.: »Dann spüre ich einen großen Kummer in mir ...«

Ich habe diesen Dialog (verkürzt) wiedergegeben, um Ihnen zu zeigen, wie Sie andere, aber auch sich selbst, durch diese Art des »Herunterfragens« an wichtige Punkte bringen können. Der Punkt, den Frau S. erreicht hatte, war ihr »inneres Kind«, ihre eigene Bedürftigkeit. In dem Maße, wie sie dies erkannte, konnte sie selbst dafür Verantwortung übernehmen und Frau B. aus dieser Verantwortung entlassen, was konkret heißt: ihr keine Vorwürfe machen.

Mehr noch: Jede Stufe bei diesem »Herunterfragen« eröffnet die Möglichkeit einer anderen Bewertung. Wie Sie im Kapitel *Gefühle* gelesen haben, haben Sie immer die Möglichkeit, auch anders über etwas zu denken und folglich auch, sich anders zu fühlen. Gibt es z.B. nur die Möglichkeit: »Sie will nichts mehr von mir wissen« zu denken oder nicht auch: »Sie ist in ihren Gedanken versunken«? Sie ahnen, wie vielschichtig die Lösungsmöglichkeiten sein können.

Diese Zusammenhänge haben Frau S. schnell geholfen, »wieder auf den Teppich« zu kommen. Sie erkannte die Fragwürdigkeit ihres eigenen Verhaltens, dem »Nichtgrüßen« durch ihre eigene Bewertung so viel Einfluss auf sich selbst zu geben und das Problem der anderen auf sich zu übertragen. Sie fühlte sich wieder besser und war in der Lage, sich ihres »inneren Kindes« anzunehmen. Aber das war nicht alles: Sie war nun sogar in der Lage, Frau B. gelassen anzusprechen und zu erfahren, mit welchem plötzlichen Kummer Frau B. zu tun hatte. Daraus entstand ein gutes Gespräch, was die Freundschaft der Frauen noch vertiefte. Wäre Frau S. in ihrer schlechten Stimmung geblieben, wäre dies nicht möglich gewesen und sie hätte in Selbstmitleid und Vorwürfen baden können.

Mit der Haltung der Abhängigkeit von anderen ist auch etwas anderes verbunden, was in diesem kleinen Beispiel ebenfalls deutlich wird. Denn wenn Ihr Befinden vom Verhalten anderer abhängig ist, dann müssen Sie ja den anderen dazu motivieren, sich entsprechend gut zu verhalten, damit es Ihnen selbst auch »gut« geht. Kennen Sie die Sätze: »Ich kann nicht nein sagen« oder »Ich will es immer allen recht machen«? Wie oft haben Sie sich das Wohlverhalten der anderen geradezu »kaufen« wollen? Wie oft haben Sie Ihre eigenen Grenzen und eigene Wünsche deswegen ignoriert? Wie oft haben Sie sich deswegen überfordert und den Wünschen anderer Vorrang gegeben? Frau S. hatte sich ihren eigenen Wunsch, diesen interessanten Ausflug zu machen, nicht erfüllt, sondern den Wunsch der anderen Frau nach einem Spaziergang erfüllt. Sie gab später zu, dies deshalb getan zu haben, damit die andere sich nicht von ihr abwendet.

Es ist schon sehr merkwürdig: Sie haben eigene Wünsche und gehen nun daran, die Wünsche anderer zu erfüllen. Macht das Sinn? Welche Erfahrungen haben Sie damit gemacht? Zunächst mag es nach mitmenschlicher Hilfe und Liebe klingen. Es macht aber einen großen Unterschied, ob Sie anderen Hilfe und Liebe geben als Ausdruck eigener Vitalität, Liebe und Stärke oder als Ausdruck eines Handels, indem Sie sich die Zuwendung anderer regelrecht erkaufen wollen. Wenn Sie einen solchen Handel eingehen, werden Sie nur einen Teil derjenigen Energie zurückerhalten (wenn überhaupt), die Sie einsetzen. Entweder spüren Sie die unerfüllten Bedürfnisse weiter in sich oder Sie überfordern sich in solch einem Ausmaß, dass letztlich Erschöpfung und Nervenzusammenbruch drohen. In beiden Fällen können Sie nicht erwarten, sich gleichzeitig wohl zu fühlen, was doch Ihr eigentliches Ziel ist! Für dieses »Rechtmachen« habe ich bereits den Ausdruck »Schmiergeldzahlung« oder auch »Bestechung« verwendet, gewiss harte Worte, die aber meist im Prinzip zutreffen.

Wenn Sie sich stattdessen in einem achtsamen und liebevollen Umgang mit sich selbst um die Befriedigung eigener Bedürfnisse kümmern, dann wird es Ihnen gleich doppelt gut gehen. Zum einen fühlen Sie sich besser, weil Sie für sich selbst sorgen. Zum anderen entlassen Sie die anderen Menschen aus der Verantwortung, für Ihr Wohlbefinden sorgen zu müssen. In dem Maße, wie Sie diese Bürde von den anderen nehmen, wird Ihre Beziehung zu diesen Menschen entlastet. In dieser entspannten Atmosphäre besteht dann viel eher die Möglichkeit, dass Sie von anderen freiwillig Zuwendung erhalten. Diese Zuwendung ist dann wie ein Geschenk, über das Sie sich von Herzen freuen können und das Sie genießen können. Im anderen Fall wäre es eine (Lebens-)Notwendigkeit, ohne die Sie nicht zufrieden leben können, und Sie müssen ständig Angst haben, sie nicht zu bekommen. Ich hörte einmal von einem Mann, der enttäuscht und erschöpft war, den protestierenden Einwand: »Aber wenn ich es anderen recht mache, dann gehe ich doch liebevoll mit mir um! Denn dann sind die anderen ja lieb zu mir!« Die Angst, die Zuwendung anderer nicht zu bekommen, führt sehr schnell zum Muster: »Ich will/muss es immer anderen recht machen«.

Claudio Kürten drückte es in einem Gedicht über das Rechtmachen einmal so aus:

»Alles ... bringt Dir höchstens eine gute Note im Betragen!
Und das ist doch wohl die bitterste, die traurigste,
die schmerzlichste Antwort auf Deine Frage nach Liebe.«

Genauso sieht die Realität vieler Menschen aus: bittere, traurige, schmerzliche Gefühle. Indem es Ihnen gelingen wird, nicht mehr abhängig vom Verhalten anderer Menschen zu sein, werden Sie diese Gefühle »entsorgen« können. Dann ist Platz für andere, bessere Gefühle.

Erwartungshaltungen

Frau M. (60 Jahre alt) saß unglücklich und verbittert vor mir. Ihre Tochter hatte sich seit ca. zwei Jahren von ihr zurückgezogen und zeigte keinen Wunsch mehr, mit ihrer Mutter zu reden. So herrschte »Funkstille«, was für Frau M. kaum auszuhalten war. Besonders schmerzlich war es für sie, dass sie nun auch keinen Kontakt zu ihren beiden Enkeln haben konnte. Es entstand eine ausgeprägte depressive Stimmung, Verzweiflung, aber auch Zorn der Tochter gegenüber. Frau M. sagte mit heftigem und vorwurfsvollem Unterton: »Nun habe ich so viele Jahre nur für meine Tochter gelebt und alles für sie getan! Nun kann ich doch wohl erwarten, dass sie auch mal was für mich tut und mich wenigstens anruft!« Was könnte dieser Frau weiterhelfen?

Die naheliegendste, aber nur vorübergehende Lösung wäre, dass die Tochter anruft, gewiss. Aber das tut sie nicht. Natürlich wird auch hier eine ausgeprägte Abhängigkeitshaltung deutlich. Der Aspekt, den ich hier hinterfragen will, ist von der Frau selbst formuliert worden: »... ich kann doch wohl erwarten ...«.

Ich suche nach zwanzig Jahren ärztlicher und therapeutischer Arbeit noch den ersten Menschen, der mit seiner inneren Erwartungshaltung gute Erfahrungen gemacht hat. Was sind Ihre Erfahrungen damit? Ich höre nur von Enttäuschungen, Frust, Verbitterung, Ärger, Wut, Vorwürfe etc. Sie wollen sich doch aber in Ihrem Leben wohl fühlen, nicht wahr? Können Sie sich vorstellen, dass dies möglich ist, wenn Sie all diese negativen Gefühle in sich tragen? Es muss doch gefragt werden, warum Sie nicht Erwartungshaltungen längst »über Bord« geworfen haben, wenn diese Sie bislang daran gehindert haben, sich wohl zu fühlen!

Schauen wir uns einmal an, welche weiteren Aspekte mit der Erwartungshaltung verbunden sind. Hat nicht Frau M. ihrer Tochter die Bürde und Last der Verantwortung übertragen, für das Wohlergehen der Mutter zu sorgen? »Das habe ich ihr aber gar nicht gesagt!«, kam die Erwiderung. Das mag sein, aber wir können uns darauf verlassen, dass andere Menschen unsere innere Haltung spüren, die wir auf allen möglichen Ebenen ausstrahlen. Hier war es sehr deutlich: Es lag am Verhalten der Tochter, ob sich ihre Mutter gut fühlte oder nicht. Sie hatte also eine zusätzliche Last aufgebürdet bekommen, obwohl sie mit der Scheidung ihrer Ehe genug Probleme hatte.

Mit ihrer Erwartungshaltung hat Frau M. aber ihrer Tochter noch ein weiteres »Geschenk« gemacht, nämlich die Unfreiheit. Sie hat ihrer Tochter Vorschriften gemacht, was sie zu tun habe (wenn auch nur durch ihre innere Haltung), und reagierte mit Vorwürfen, wenn ihre Tochter sie nicht befolgte.

Da Frau M. beteuerte, dass sie ihre Tochter liebe und sie

deshalb früher so viel für sie getan habe, lag die Frage nahe, ob es Ausdruck von Liebe sei, dem anderen zusätzliche Lasten und Vorschriften aufzuladen und ihm die Freiheit zu nehmen. Frau M. reagierte sehr erschrocken und betroffen auf diese Frage: »So habe ich das noch nicht gesehen!« Sie änderte ihre Frage von »Warum besucht meine Tochter mich nicht?« in »Was kann ich tun, um es meiner Tochter zu ermöglichen?« Sie war wieder bei sich, was in problematischen Situationen immer wichtig ist. Die erste Frage kann vom anderen als Angriff verstanden werden.

Frau M. arbeitete tapfer an ihren inneren Mustern und war in der Lage, ihre Tochter aus der Verantwortung zu entlassen, für das Wohlbefinden ihrer Mutter zuständig zu sein. Sie selbst war dafür zuständig. Sie änderte ihre innere Haltung und sagte: »Da ich meine Tochter liebe, nehme ich ihr diese Bürde wieder ab und gebe ihr etwas ganz Kostbares, nämlich die Freiheit, selbst darüber zu bestimmen, was sie tut!«

Ja, was kann man einem Menschen Edleres geben als seine Freiheit! Denken Sie an das Prinzip der Resonanz: Es ist wichtig darauf zu achten, was ausgesendet wird. Bei einer Erwartungshaltung senden Sie aus: dem anderen Bürden aufladen, ihm Unfreiheit geben, aber auch: lieblos und missachtend mit eigenen Bedürfnissen umgehen, indem man sich nicht dafür verantwortlich fühlt. Mit dem Aufgeben einer Erwartungshaltung senden Sie aus: den anderen entlasten, ihm die wirkliche Freiheit des Handelns geben, selbst für eigene Bedürfnisse verantwortlich sein und somit achtsam mit sich selbst umgehen.

In diesem konkreten Fall ist der Erfolg auch eingetreten, sogar in doppelter Weise: Frau M. begann sich deutlich besser zu fühlen, als sie sich wieder zuständig für sich selbst fühlte. Sie erkannte auch, dass eine Liebe, gekoppelt mit der Erwartungshaltung einer Gegenleistung, keine wirkliche Liebe ist. Als es ihr schon wieder recht gut ging, geschah das Wunder: Ihre Tochter, achthundert Kilometer entfernt, rief sie plötzlich nach dieser langen Zeit das erste Mal an und fragte: »Mama, wie geht es dir?« Können Sie sich die Freudentränen dieser Frau vorstellen? Selbst über diese große Entfernung hat die Tochter die veränderte innere Haltung gespürt und so war es ihr wieder möglich, sich bei ihrer Mutter zu melden.

Vielleicht ermutigt Sie diese Geschichte, eigene spannende Erfahrungen damit zu machen, wenn Sie anderen Menschen die Lasten abnehmen, die Sie ihnen aufgeladen haben, und ihnen die wirkliche Freiheit des Handelns geben.

Vorwürfe

Vorwürfe kennt jeder. Aber wissen Sie genau, was dahinter steckt und was damit verbunden ist? Schauen Sie doch mal, ob die nachfolgenden Sätze auch für Sie zutreffen können: Sie haben die Verantwortung für die Gestaltung Ihres Lebens und für Ihre eigenen Gefühle an andere abgegeben. Das Ergebnis ist für Sie meist enttäuschend und unerfreulich: Sie haben das Gefühl, im Leben zu kurz zu kommen und Ihre Wünsche und Bedürfnisse nicht erfüllt zu bekommen, was in Ihnen meist zu Enttäuschungen, Ärger, Frust, Verbitterung etc. führt. Dies sind quasi »Geschmacksverstärker«, mit denen Sie die für Sie unerfreuliche Situation der unerfüllten Wünsche und Bedürfnisse noch zusätzlich würzen. Dann geht es Ihnen so richtig schlecht. Und weil dies für Sie kaum auszuhalten zu sein scheint, haben Sie einen (scheinbaren) Ausweg gefunden: Vorwürfe!

Vorwürfe sind der Versuch, die Verantwortung für das eigene schlechte Befinden auf andere zu schieben.

Sie drücken damit aus: »Du bist schuld daran, dass es mir so schlecht geht!« Vorwürfe sind also ein Ablenkungsmanöver von der eigenen Verantwortlichkeit, auch Ausdruck einer gewissen Bequemlichkeitshaltung. »Der andere soll sich ändern, dann geht es mir besser« (Abhängigkeitshaltung!).

Mag sein, dass der andere sich nicht gut verhalten hat. Sie selbst aber können bestimmen, welches Gewicht es für Sie hat. Am Beispiel des »Schuhhinlegens« wird es deutlich:

Wenn der andere Ihnen einen Schuh hinlegt, der Ihnen nicht passt, dann mag dies bereits ein Fehler sein, gewiss. Sie selbst aber können nun entscheiden, ob Sie diesen Schuh anziehen oder nicht. Wie oft haben Sie einen Schuh angezogen, der Ihnen nicht passt, haben eine schmerzhafte Blase bekommen und dem anderen vorgeworfen: »Du bist schuld, dass ich nun eine Blase am Fuß habe!«?

Sie haben immer einen Anteil am Entstehen eigener negativer Gefühle! Sie haben ja die freie Entscheidung darüber, selbst zu bestimmen, welchen Einfluss das schlechte Verhalten anderer auf Ihr Befinden hat, oder: ob Sie den Schuh anziehen oder nicht.

Natürlich ist es völlig in Ordnung, mit dem anderen über dessen fragwürdiges Verhalten zu sprechen und ihn damit zu konfrontieren. Geschieht dies ohne Vorwürfe, aber in deutlicher Klarheit, dann kann es ein sehr interessantes und konstruktives Gespräch werden. Sie können mit ihm über die Frage sprechen, warum er den Schuh Ihnen hingestellt hat. Das können Sie tun, ohne ihn anziehen zu müssen, also ohne den Anlass eines Vorwurfes zu haben. Sie können dann auch z.B. den anderen klar und deutlich dazu auffordern, künftig keine Schuhe mehr hinzustellen.

Vorwürfe haben aber noch einen weiteren, oft nicht beachteten Aspekt, der durchaus Wirkung zeigen kann. Wenn Sie Vorwürfe machen, dann signalisieren Sie dem anderen, dass er die Ursache dafür war, dass es Ihnen schlecht(er) geht. Damit signalisieren Sie ihm aber auch, dass er Einfluss und Macht über Sie hat und schwächen damit Ihre eigene Position! Wollen Sie das wirklich? Die Schwächung der eigenen Position können Sie sogar wiederum dem anderen zum Vorwurf machen! Sie können sich damit in einer Art »Schleife« befinden, aus der es schwierig wieder herauszukommen scheint. Sie bestimmen doch selbst, wie es Ihnen geht! Wenn Sie dieses Signal ernsthaft nach außen vertreten, werden auch andere Menschen die Chance haben, dies zu begreifen (Prinzip der Resonanz).

Vorwürfe sind also selten Auftakt zu einem konstruktiven und klärenden Gespräch. Warum also sollten Sie an Vorwürfen festhalten? Vorwürfe machen hindert Sie selbst am Entstehen Ihres eigenen guten Lebensgefühls.

Schuldgefühle

Es war eine große, fast zu große Belastung, die Frau T. spürte, als sie von ihren Schuldgefühlen sprach. Ihr Mann war stark übergewichtig gewesen, hatte geraucht und auch sonst nicht gerade gesund gelebt. Er war dann an einem Herzinfarkt nach längerem Leiden gestorben. Sie berichtete mir von selbstanklagenden Fragen: »Warum habe ich ihn nicht schon eher zum Arzt geschickt oder ihm das Rauchen verboten?« »Warum habe ich seine leichten Stiche im Brustbereich damals nicht ernst genommen? Vielleicht wäre er dann noch am Leben.« Sie hatte größte Schwierigkeiten, mit ihren Schuldgefühlen umzugehen oder sie gar zu verringern.

Wie oft haben Sie in Ihrem Leben das Gefühl gehabt, etwas falsch gemacht zu haben? Kennen Sie die quälenden Fragen: »Hätte ich doch ...« oder: »Warum habe ich nicht ...«? Diese Fragen kreisen dann ständig im Kopf und wollen kein Ende nehmen. Die Last der Schuldgefühle wird oft sehr intensiv empfunden und kann sich wie Ruß über das eigene Befinden legen.

Folgende Aspekte im Umgang mit der menschlichen Schuld können hilfreich für Sie sein: Die menschliche »Schuld« ist untrennbar mit dem Aspekt der Polarität des Lebens verbunden. Es bezeichnet den banalen Umstand, dass Sie nicht in der Lage sind, in dieser Welt die »Einheit« zu realisieren. Was immer Sie auch tun, es bleibt das Gegenteil ungetan zurück. Und hierin liegt die menschliche »Schuld«, die ich deshalb in Anführungszeichen setze, um sie von dem üblichen Schuldbegriff zu trennen.

Gehen Sie nach links, bleibt das Rechtsgehen ungetan zurück. Sie machen sich also am rechts »schuldig« und umgekehrt. Bleiben Sie stehen oder gehen Sie geradeaus, machen Sie sich an beidem »schuldig«. Sie sehen, Sie können dieser »Schuld« nicht entrinnen. Dies gilt es zu akzeptieren. Was immer Sie auch getan haben in der Vergangenheit, es ist nun Bestandteil der Realität. Sollten Sie wirklich etwas getan haben, das sich später als nicht sinnvoll herausgestellt hat, dann erhalten Sie nur durch das Akzeptieren dieser Realität die Möglichkeit und Energie, diese Situation für die Zukunft konstruktiver zu gestalten oder auch den »Fehler« zur korrigieren. »Es ist, wie es ist. Ich akzeptiere, wie es ist. Ich gehe den nächsten Schritt.«

Wer aber will es beurteilen, ob das, was Sie getan haben, richtig oder falsch war? Haben Sie wirklich den Anspruch, diese Frage allgemeingültig zu beantworten?

Sie wissen selbst, wie Sie durch Probleme und leidvolle Erfahrungen gelernt haben und sich weiterentwickelt haben. Kann es nicht sein, dass Ihre Fehlleistung (wenn es denn eine war) für den anderen eine Möglichkeit war, sich seinerseits weiterzuentwickeln und zu lernen? Vielleicht war dies ja für den anderen eine wichtige Chance.

Bei diesen (unvollständigen) Betrachtungen zerrinnt das Schuldgefühl wie Sand zwischen den Fingern. Sie werden immer das tun, was Ihnen im Moment möglich ist. Mehr ist nicht notwendig. Ein Leben ohne »schuldhaftes« Verhalten wird Ihnen nicht möglich sein. Wenn Sie dies annehmen können und sich weiterhin um konstruktives Verhalten bemühen, dann werden Sie die Schuldgefühle nicht mehr quälen und Sie zu einer tieferen Weisheit des Lebens führen. Sie werden beginnen, allmählich zu einer tiefen Ruhe und Gelassenheit (nicht: Gleichgültigkeit!) zu kommen.

Kränkungen

Kränkungen, Beleidigungen, aber auch Nicht-verstanden-Werden empfinden viele Menschen als häufige und leidvolle Bestandteile ihres täglichen Lebens. Frau G. hatte als erfahrene Krankenschwester auf einer anderen Station ausgeholfen, weil dort krankheitsbedingt Personalmangel herrschte. Als sie ein bestimmtes Medikament wegen der anderen Ordnung nicht auf Anhieb fand, wurde sie etwas rüde zurechtgewiesen, warum sie das denn nicht wisse. Sie berichtete mir dann unter Tränen und mit anklagender Stimme: »Die haben mich behandelt wie ein kleines Kind! Ich bin sehr gekränkt worden!« Ich habe bewusst wieder ein banales Alltagsbeispiel gewählt, um den inneren Mechanismus deutlich werden zu lassen. Was wäre aus Ihrer Sicht hierzu zu sagen? Aus den bisherigen Kapiteln ergibt sich bereits die Kernaussage, die zunächst reichlich provozierend klingen mag:

Sich gekränkt fühlen ist eine Reaktion, die Sie selbst gewählt haben.

Die empörten Kommentare kenne ich sehr wohl: »Aber der andere hat doch ...!« Ja, er hat. Ja, er hat zum Beispiel etwas aus Ihrer Sicht Unzutreffendes gesagt. Mag auch sein, dass der andere sich damit Ihnen gegenüber erbärmlich oder zumindest unhöflich verhalten hat. Daran ist nicht zu rütteln. Aber zum wiederholten Male: Welches Gewicht, welche Macht geben Sie selbst den Worten anderer, darüber zu bestimmen, wie es Ihnen geht? Wollen Sie sich schlecht fühlen, weil der andere sich so verhalten hat? Wollen Sie die Fehlleistung des anderen bei sich selbst bestrafen?

Wie in diesem Beispiel sagt jemand zu Ihnen: »Sie können ja noch nicht mal so was Einfaches! Sie versagen!«, dann gibt es ja zwei Möglichkeiten. Wenn Sie tatsächlich ein Versager sind, dann hat der andere ja Recht; dagegen können Sie also nichts einwenden. Wenn Sie aber kein Versager sind (wer kann dies besser beurteilen als Sie selbst?), dann betrifft Sie diese Aussage ja nicht, sie geht an Ihnen vorbei. Wo also ist das Problem für Sie? Wo ist der Anlass für das Gefühl der Kränkung? Was hat sich für Sie konkret verändert (was bedeutet es für Sie), das Sie zum Anlass nehmen, sich gekränkt zu fühlen? Wozu die ganze Aufregung, nur weil ein anderer etwas Unzutreffendes zu Ihnen sagt?

Kann es nicht sein, dass Sie, wenn Sie sich wirklich für einen Versager halten, selbst darüber so verbittert sind, dass Sie den anderen dafür, dass Sie diese Verbitterung wieder spüren, verantwortlich machen und ihm deshalb Vorwürfe machen? »Du hast mich gekränkt« oder genauer: »Du bist schuld daran, dass ich verbittert darüber bin, dass ich mich selbst für einen Versager halte.« Hat der andere nur den Finger auf die Wunde gelegt? Kann der andere überhaupt ahnen, an welchen Stellen Sie Wunden haben? Aber es ist *Ihre* Verbitterung, es ist *Ihr* Eigentum, dafür tragen *Sie* letztlich die Verantwortung, nicht der andere! Es würde schon viel helfen in zwischenmenschlichen Beziehungen, die Verantwortlichkeiten dort zu lassen, wo sie hingehören.

Die Frage ist einfach und »frech«: Was haben die »Schallwellen« der Worte anderer mit Ihnen zu tun? Die Wirkungen dieser Worte in Ihnen lässt sich mit einem einfachen Bild veranschaulichen. Stellen Sie sich die Worte als »Schlüssel« vor, die der andere aussendet. Diese Schlüssel können nur dann eine Wirkung bei Ihnen haben, wenn Sie die passenden »Schlösser« in sich tragen! Haben Sie die passenden »Schlösser« nicht, dann fliegen diese Schlüssel ohne Wirkung an Ihnen vorbei. Es ist letztlich *Ihre* Verantwortung, dafür zu sorgen, welche »Schlösser« Sie in sich tragen, welche Sie öffnen und welche Sie verschließen. Auch hier wird das Prinzip der Resonanz deutlich, worüber Sie im Kapitel *Resonanz* ausführlich gelesen haben.

Wenn Sie sich nun absolut nicht für einen Versager halten, dann haben diese Worte ja eigentlich kein Gewicht und für Kränkung ist kein Platz mehr. Warum dennoch ein negatives Gefühl? Warum ist es so schwer auszuhalten, wenn ein anderer etwas Unzutreffendes über Sie denkt oder sagt? Warum ist es für Sie eine so schmerzliche und leidvolle Erfahrung, wenn ein anderer sich verständnislos Ihnen gegenüber äußert?

Kann es eventuell sein, dass Sie denken, dass Sie vom anderen keine Zuwendung mehr bekommen, wenn er sich so Ihnen gegenüber verhält? Sind Sie von dieser Zuwendung abhängig? Werden Sie dann in solch einem Moment mit den eigenen unbefriedigten Bedürfnissen konfrontiert, die Sie dann durchaus schmerzlich fühlen? Auch hier gilt: Es ist *Ihr* Schmerz, es ist *Ihre* bisher unerfüllte Sehnsucht nach Zuwendung etc., die Sie dann spüren. Ist der *andere* wirklich für *Ihre* Gefühle verantwortlich, so dass Sie ihm dies vorwerfen könnten?

Wenn Sie sich selbst nicht als Versager fühlen, können Sie, nachdem Sie sich dazu entschieden haben, dieser Aussage keinen besonderen Einfluss auf Ihr Befinden zu geben, sich selbst fragen, wie denn dieser Eindruck auf den anderen entstanden sein könnte. Das Nachdenken und auch ein Gespräch darüber mit dem anderen kann eine sehr konstruktive Angelegenheit sein.

Ganz besonders bei diesem Thema ist es auch wichtig, sich daran zu erinnern, was in den Kapiteln *Gedanken* und *Gefühle* ausführlich geschildert wird (insbesondere auch an einem Beispiel einer Kränkung): Gefühle sind Folge von Gedanken, zu denen Sie sich entschieden haben. Nicht die Worte eines Menschen kränken Sie, sondern wie Sie darüber denken. Und das bestimmen Sie ja selbst! Eine Kränkung geschieht also in Ihnen selbst und wird nicht von außen als Kränkung an Sie herangetragen.

Sie selbst können die Worte und Taten eines anderen dazu benutzen, sich gekränkt zu fühlen oder nicht.

Solange Sie im Verhalten anderer den Grund für selbst empfundene Kränkungen sehen, haben Sie sich wieder in die Abhängigkeits- und Opferrolle begeben! Sie wissen aber, dass Sie damit kein zufriedenes und erfülltes Leben führen können.

Sie selbst bestimmen, wie es Ihnen geht, welche Gefühle Sie haben, indem Sie sich für die den Gefühlen vorangehenden Gedanken entscheiden. Nicht ein anderer kränkt Sie, sondern Ihre eigenen Gedanken kränken Sie! Indem Sie sich immer wieder alternative Gedanken zu einer Situation klar machen, geschieht es bald, dass künftig konstruktivere Gedanken »automatisch« ablaufen – und Kränkungen ausbleiben.

Neue Denkmuster anzunehmen fällt vielen Menschen schwer, gewiss. Dieselben Schwierigkeiten haben Sie in der Fahrschule gehabt, wo Kuppeln und Gasgeben zu lernen war. Erst nach und nach war Ihnen dies automatisch möglich. Die Motivation zur Veränderung bisheriger Denkmuster können Sie aber aus all dem Leid und den Problemen entnehmen, die Sie bislang mit Ihren alten Mustern erlebt haben.

Sich belastet fühlen

Das kennen Sie sicherlich aus vielerlei Erfahrungen: Der andere hat Probleme und Sie selbst fühlen sich deswegen belastet. Das geht auch anders herum: Sie hören den Vorwurf, dass Ihre Probleme den anderen belasten. Wie auch immer, dieses Sich-belastet-Fühlen sind weit verbreitete Steinchen im Getriebe der zwischenmenschlichen Beziehungen und immer wieder Anlass für Probleme untereinander.

Es scheint ein ungeschriebenes Gesetz zu sein, sich selbst schlecht zu fühlen, wenn sich ein anderer schlecht fühlt. Und dies wird noch mit dem Etikett der »Liebe« versehen! Ist also »geteiltes Leid gleich doppeltes Leid« Ausdruck von Liebe?

Helfen Sie dem anderen dadurch, dass Sie sich belastet fühlen? Oder setzen Sie manchmal »noch einen drauf« und machen das eigene Gefühl der Belastung dem anderen zum Vorwurf?

Wenn Sie sich belastet fühlen, fühlen Sie sich schlechter und sind dann noch viel weniger dazu in der Lage, für den anderen in liebevoller Art da zu sein. Sie sind dann viel zu sehr mit dem eigenen schlechten Befinden beschäftigt und können sich kaum noch auf den anderen einlassen. Vielleicht spüren Sie sogar, dass Sie den anderen deswegen meiden oder ihn abwehren, weil Sie nicht möchten, dass seine Probleme zu Ihren eigenen werden.

Die einzige Möglichkeit, mit den Problemen anderer umzugehen, ist, sie dort zu lassen, wo sie sind.

Sie sollten nicht den Fehler begehen, sie zu eigenen Problemen zu machen. Der Satz: »Das ist dein Problem, nicht meins« mag auf den ersten Blick lieblos erscheinen. Aber nur solch ein Satz ermöglicht es, das Problem nicht auf sich selbst zu übertragen, selbst frei zu bleiben und sich weiterhin gut zu fühlen. Und dann, nur dann, sind Sie überhaupt erst in der Lage, für den anderen da zu sein und sich liebevoll um ihn zu kümmern.

Warum fühlen Sie sich belastet von Problemen anderer? Kann es sein, dass Sie einen Impuls spüren, es dem anderen recht zu machen, also eine Verpflichtung spüren, für ihn etwas zu tun? Haben Sie Angst davor, was passiert, wenn Sie dem anderen nicht helfen können? Könnte er sich dann von Ihnen abwenden? Das könnte ein schmerzhafter Verlust für Sie sein, wenn Sie von der Zuwendung anderer abhängig sind. Oder können Sie es schwer aushalten, dass ein anderer Probleme hat, weil er dann auch allein schon deswegen für Sie als »Lieferant« von Zuwendung ausfällt? Oder erinnern Sie sich angesichts der Probleme anderer an Ihre eigenen Probleme, die möglicherweise ähnlich aussehen? Dann werden Sie aber von Ihrem eigenen Schmerz belastet – und nicht von dem Problem des anderen! Und diesen Umstand machen Sie dann dem anderen zum Vorwurf (»Du belastest mich so!«). Damit hat der andere nicht nur noch immer sein Problem, sondern bekommt von Ihnen die Verantwortung für Ihre eigenen Gefühle angesichts Ihrer eigenen Probleme aufgeladen. Ich kann die Fragen hier nur andeuten und Sie anregen, selbst mit klarem Blick zu schauen. Sie werden spüren, dass das Sich-belastet-Fühlen als Ausdruck von Liebe und Zuwendung zumindest sehr fragwürdig ist.

Sorgen

Auch Sorgen stellen eine häufige Beeinträchtigung des Lebensgefühls vieler Menschen dar. Sorgen behindern Sie selbst am konstruktiven Gestalten Ihres eigenen Lebens und erweisen sich in aller Regel im Nachhinein als überflüssig. Sie erinnern sich: Überlegen Sie, wie Sie einen Fluss überqueren, erst dann, wenn Sie am Fluss angekommen sind.

Mit Sorgen bewirken Sie noch etwas anderes: Es heißt ja so zutreffend: »Ich mache mir Sorgen«, d.h. ich habe eigentlich keine Sorgen, ich »mache« sie mir.

Sich Sorgen »machen« heißt: etwas tun, wonach es Ihnen selbst schlechter geht. Ich denke, Sie wissen, dass dies zutrifft. Hilft es dem anderen (um den Sie sich Sorgen »machen«), wenn Sie sich selbst schlechter fühlen? Sind Sie dann noch in der Lage, ihm konstruktiv zur Seite zu stehen?

Sich Sorgen »machen« heißt aber ebenso: etwas tun, wonach es dem anderen schlechter geht. Nun wird es spannend. Ich gehe davon aus, dass Sie sich Sorgen machen um jemanden, der Ihnen am Herzen liegt. Wie kann es sein, dass Ihre Sorgen ihn negativ beeinflussen? Denn sicherlich ist dies nicht gerade etwas, das Sie beabsichtigen – aber dennoch tun. Überlegen Sie mal, welchen Inhalt, welche Aussage diese Sorgen ausdrücken können: »Ich traue es dir nicht zu«, »Dir wird vielleicht etwas Schlimmes geschehen«, »Damit wirst du nicht allein fertig« usw. Spüren Sie, wie Sie den anderen damit fast entwerten und ihm Energie wegnehmen? Gedanken haben die Tendenz, verwirklicht zu werden! Sie können sich darauf verlassen, dass der andere dies genauso spürt. Wie fühlen Sie sich selbst, wenn sich jemand ständig Sorgen um Sie macht? Tut Ihnen das gut?

Oft höre ich: »Ich liebe den anderen doch, darum muss ich mir doch Sorgen machen!« Ist also das Sich-Sorgen-Machen Ausdruck von Liebe, einer liebevollen Fürsorge? Sorgen bewirken, dass beide Beteiligten sich schlechter fühlen – und dies in einer Situation, in der das Gegenteil sinnvoll wäre! Kann es Ausdruck von Liebe sein, wenn sich beide aufgrund von Sorgen schlechter fühlen? Hier kann doch wohl etwas nicht stimmen. Es kann doch nicht angehen, dass die positive und konstruktive Kraft der Liebe so negativ wirkt!

Welche Konsequenzen hat es, sich keine Sorgen zu machen?

Für Sie selbst hat es die Wirkung, dass Sie sich nicht belastet fühlen und Ihre Energie behalten.

Sich keine Sorgen machen heißt: Sie fühlen sich weiterhin gut.

Dies mag auf den ersten Blick lieblos erscheinen, aber: Nur wenn Sie sich gut fühlen und dafür sorgen, dass es so bleibt, sind Sie überhaupt erst in der Lage, Ihre liebevolle Fürsorge zu zeigen, für den anderen da zu sein und bei Bedarf ihm hilfreich zur Seite zu stehen!

Auch für den anderen, um den Sie sich Sorgen machen könnten, hat dieses Keine-Sorgen-Machen Auswirkungen, die sehr wichtig sind. Sie signalisieren ihm u.a.: »Ich traue es dir zu, diese schwierige Situation zu meistern«, »Das wirst du schon schaffen«, »Es wird eine gute Lösung geben«, »Und wenn es wirklich schwierig wird, dann bin ich ja auch noch für dich da!«. Natürlich haben diese Gedanken Wirkungen! Sie sind wie eine Energiespritze für den anderen, sie werten und bauen ihn auf.

Sich keine Sorgen machen heißt: Der andere fühlt sich besser.

Gerade bei Menschen, denen Sie Liebe zeigen möchten, ist es wichtig, sich diese Zusammenhänge klar zu machen. Ohne sich Sorgen zu machen sind Sie viel eher in der Lage, die positive und konstruktive Kraft der Liebe beim anderen zur Wirkung kommen zu lassen.

Vielleicht haben Sie sich schon ein paar Mal dabei ertappt, wie Sie durch das Sich-Sorgen-Machen dem anderen gleich doppelt Energie wegnehmen. Sie können dem anderen die Tatsache, dass Sie sich wegen Ihrer Sorgen schlechter fühlen, zum Vorwurf machen: »Du bist schuld daran, dass ich mich nun schlechter fühle!« Natürlich drücken Sie es nicht so deutlich aus, sondern formulieren es eher anders (mit entsprechendem Tonfall): »Deinetwegen habe ich mir solche Sorgen gemacht!« Dann haben Sie dem anderen gleich doppelt geschadet: durch Ihr Misstrauen, dass ihm etwas passieren könnte, und durch den Vorwurf, den Sie ihm machen.

Um kein Missverständnis aufkommen zu lassen: Sich keine Sorgen machen hat nichts mit Gleichgültigkeit zu tun. Natürlich reicht es nicht, sich lediglich keine Sorgen zu machen. Wichtig ist es, an deren Stelle eine Art liebevolle bzw. konstruktive Aufmerksamkeit zu setzen. Worauf Sie Ihre Aufmerksamkeit richten, dorthin fließt Ihre Lebenskraft. Sie können entscheiden, ob Ihre Energie in das Muster des Misstrauens oder des Vertrauens in die Lösung fließt. Entsprechend werden die Wirkungen sein.

Einsamkeit

Wie oft fühlen sich Menschen einsam und leiden darunter! Dabei gibt es einen wichtigen Unterschied zwischen Alleinsein und Einsamkeit. Auch hier gilt der alte Grundsatz: Nicht das Allein sein ist ein Anlass zum Leiden, sondern die Art und Weise, wie Sie mit dem Alleinsein umgehen.

Ganz eng verbunden mit dem Gefühl der Einsamkeit sind die Themen Abhängigkeit und Erwartungshaltung. Wer ist dafür verantwortlich, dass Sie sich gut fühlen und Ihre Zeit mit guten Dingen angefüllt ist? Die Antwort kennen Sie natürlich.

Je mehr es Ihnen gelingen mag, die Abhängigkeit von der Zuwendung anderer Menschen loszulassen, die stille Erwartungshaltung aufzugeben und eigene Wünsche entweder klar und deutlich zu äußern oder sich selbst darum zu kümmern, desto unabhängiger und autonomer werden Sie! Sie sind dann »Selbstversorger« geworden, der sich um die eigenen Belange am besten selbst kümmern kann und darum auch mal allein sein kann. Jemand sagte mir mal: »Ich kann nie einsam sein, denn ich habe ja den interessantesten Menschen immer bei mir: nämlich mich!«

Natürlich kann die Gegenwart eines anderen Menschen etwas Wundervolles sein, über dessen Zuwendung Sie sich von Herzen freuen können, ganz klar! Solange es für Sie ein Geschenk ist, ist es Freude pur. Sobald es aber bereits eine Notwendigkeit für Sie ist, quasi der Ast, auf dem Sie sitzen, schleicht sich die Angst davor ein, diese Zuwendung einmal nicht zu bekommen.

Haben Sie gelernt, für sich selbst liebevoll und achtsam zu sorgen, werden Sie sich nie mehr einsam fühlen, auch wenn Sie allein sind.

Der persische Dichter Khalil Gibran hat in einem Gedicht über die Zweisamkeit in der Ehe ein sehr schönes Bild gebraucht, das sicher auch auf andere Formen der Beziehungen zwischen Menschen übertragen werden kann. Er hat Frau und Mann mit den Saiten einer Laute verglichen. Jede Saite ist für sich allein gespannt und »sind doch Teile der gleichen Musik«. Jede Saite lässt einen schönen Ton erklingen, wenn man sie anzupft. Werden beide gezupft, gibt es einen schönen Zweiklang. Werden aber beide Saiten gemeinsam an derselben Stelle auf dem Steg gespannt, behindern sich die Schwingungen gegenseitig – und es wird kein Ton erklingen, weder allein noch gemeinsam. So ist die Fähigkeit, auch allein sein zu können, Voraussetzung dafür, eine »schöne Musik« im Leben zu hören.

Trauer, Abschied

Zu den schmerzlichsten Gefühlen, die wir kennen, gehört ganz sicher die Trauer. Trauer heißt meist: Abschied nehmen. Dies gilt ganz besonders für den »großen Abschied«, also den Fall, dass ein lieber Mensch stirbt. Aber auch die vielen »kleinen Abschiede« lassen immer wieder Trauer oder zumindest traurige Gefühle in uns entstehen.

Aus meiner Erfahrung ist es für viele ein großes Problem, mit Trauer gelassen umzugehen. Manchmal habe ich das Gefühl, dass Menschen sich vor dem Gefühl der Trauer geradezu fürchten. Besonders Menschen, die sich abhängig von anderen fühlen, haben ein besonders großes Problem, einen anderen Menschen loszulassen, weil sie ja damit auch ihre bisherige Stütze verlieren und nun nicht wissen, wie sie sich eigenverantwortlich um sich kümmern sollen. Hier vermischt sich die Trauer stark mit dem Gefühl, ohne den anderen nicht mehr existieren zu können.

Ein wichtiger Aspekt im Umgang mit diesem Gefühl ist das Annehmen der Trauer. Sie gehört zu den wichtigsten und elementarsten Emotionen von uns Menschen. Es ist nicht möglich, sie zu eliminieren. Gewiss, Sie können dagegen angehen, sie bekämpfen. Aber Sie wissen ja, was Sie mit einem Gegner tun, den Sie bekämpfen: Sie erhöhen möglicherweise dessen Aggressivität und Einfluss auf Sie. Wenn Sie die Trauer wie einen ungebetenen Gast aussperren, kann es sein, dass sie nun um Ihr Haus herumschleicht und Sie sich ständig davon bedroht fühlen.

Sie können auch versuchen, sich davon abzulenken. Damit erreichen Sie aber das Gegenteil von dem, was Sie erreichen möchten. Natürlich verschafft Ihnen die Ablenkung zunächst eine emotionale Erleichterung. Wenn dies sehr oft geschieht, prägen Sie sich den Satz ein: »Wenn ich mich ablenke, geht es mir besser.« Daraus wird dann bald: »*Nur* wenn ich mich ablenke, geht es mir besser.« Dieses Wörtchen »nur« hat eine fatale Wirkung. Es prägt einen anderen Satz, der gewissermaßen spiegelbildlich im Hintergrund existiert und genauso dem Unterbewusstsein eingeprägt wird und darum große Wirkung hat:

»Wenn ich mich *nicht* ablenke, geht es mir schlechter«, also: »Wenn ich die Trauer zulasse, geht es mir schlechter.« Und so ist es denn auch. Wenn dieser Satz immer wieder geprägt wird, dann wird Ihr Unterbewusstsein es so umsetzen. Diese Zusammenhänge sind auch längst Bestandteil der Therapie von Ängsten.

Die Lösung kann nur darin bestehen, von der Trauer nicht abzulenken, sondern sie in das Leben zu integrieren.

Sie wird dann die Macht nach und nach verlieren. Der Satz »Nur wenn ich mich ablenke, geht es mir besser«, der damit alles schlimmer macht, wird ersetzt durch den Satz: »Auch wenn ich die Trauer zulasse, kann es mir besser gehen.« Sie spüren dann zwar die Trauer noch, es belastet Sie aber nicht mehr so sehr.

Dies ist nur verständlich, wenn Sie die wichtigste Grundlage für den Umgang mit Trauer beachten, die Sie in den Überlegungen im Kapitel *Polarität des Lebens* finden. Der negative Pol ist die andere Seite des positiven Pols.

Die Trauer ist die andere Seite der Freude und umgekehrt.

Es hat vielen Menschen, die Trauer spürten, geholfen, sich klar zu machen, für was die Trauer steht. Das mag vielleicht die Dankbarkeit für glückliche gemeinsame Jahre sein. Beim Abschied mag dies die Freude über eine schöne gemeinsame Zeit sein.

Können Sie sich vorstellen, Gefühle von Trauer und Freude gleichzeitig zu spüren? Es mag erstaunlich sein, aber es ist durchaus möglich! Menschen, denen dies gelingt, haben immer wieder berichtet, dass sie dann in sich ein Gefühl sanfter, aber mächtiger Kraft spürten, die sich wunderbar anfühlte. Die

Kraft, die zwischen den beiden Polen schwingt, lässt sich sehr wohl spüren! Dies ist die Lebenskraft als Ausdruck unseres Lebens in einer Welt der Polarität, vergleichbar mit der Kraft des elektrischen Stroms zwischen dem negativen und positiven Pol. Wenn Sie beginnen zu spüren, wie diese Kraft in das Akzeptieren der Realität (»Es ist, wie es ist« etc.) eingebettet ist, dann verliert das Gefühl der Trauer seine Schärfe und seine Bedrohung. Sie wissen es dann: Leben und Tod sind eins!

*

Diese Aufstellung der alltäglichen Probleme ist natürlich nicht vollständig. Ebenso wenig vollständig sind die Überlegungen zu den einzelnen Themen, über die man jeweils ein eigenes Buch schreiben könnte. Sie sollen lediglich eine Ergänzung und Hilfestellung sein, um mit diesen Problemen im Alltag besser umgehen zu können und Sie neugierig zu machen, sich mehr damit zu beschäftigen.

Sie haben unschwer auch das Grundprinzip erkannt, mit dem Sie jede Lebenssituation meistern können: Sie werden autonom, bestimmen selbst, wie es Ihnen geht, und bestimmen eigenverantwortlich Ihr Leben, ohne sich in Abhängigkeit von anderen zu begeben. Eingebettet in die Polarität des Lebens ist dies die beste Voraussetzung für ein erfülltes Leben, über das Sie sich freuen und es genießen können. Es wird Ihnen dann auch möglich sein, Ihre Liebe als Ausdruck Ihrer Lebensenergie in der Welt wirken zu lassen.

Literaturanregungen

Jens Baum: *Keine Angst vor morgen. Strategien für den Umgang mit Zukunftsängsten*. München 2006
Zeigt Möglichkeiten zum Umgang und zur Überwindung unserer alltäglichen Ängste und Sorgen auf.

Thorwald Dethlefsen: *Schicksal als Chance. Das Urwissen zur Vollkommenheit des Menschen*. München 1979
Ein Einblick in die Sinnhaftigkeit und Aufgabe unserer Existenz und der Bedeutung von Lebensproblemen. Ein elementar wichtiges Buch. Das Leben wird nach der Lektüre ein anderes sein.

Thorwald Dethlefsen: *Ödipus – der Rätsellöser. Der Mensch zwischen Schuld und Erlösung*. München 2000
Eine Fortsetzung des Buches *Schicksal als Chance*. Eine Befreiung von der Angst vor der Schuld und eine Vertiefung des Wissens um unsere elementaren Fragen.

Thorwald Dethlefsen/Rüdiger Dahlke: *Krankheit als Weg. Deutung und Be-Deutung der Krankheitsbilder*. München 1998
Die Botschaft einer Krankheit verstehen lernen – der Schritt zur Heilung.

Wayne W. Dyer: *Der wunde Punkt. Die Kunst, nicht unglücklich zu sein*. Reinbek 2001
12 Schritte zur Überwindung unserer seelischen Problemzonen.

René Egli: *Das LOL²A-Prinzip. Die Vollkommenheit der Welt*. Oetwil 1999
Eine ungewöhnliche und überzeugend klare und logische Darstellung der Lösung unserer Probleme in unserem Leben. Ein elementar wichtiges Buch, zudem sehr einfach zu lesen und zu verstehen!

Erich Fromm: *Die Kunst des Liebens*. München 1996
Was ist Liebe? Dieses Büchlein ist ein Klassiker!

Shakti Gawain/Laurel King: *Leben im Licht. Quelle und Weg zu einem neuen Bewusstsein*. München 2001
Eine überzeugende und bewegende Darstellung eines neuen Bewusstseins, mit dem Leben und den damit verbundenen Problemen bzw. Aufgaben umgehen zu können.

Thomas Gordon: *Familienkonferenz. Die Lösung von Konflikten zwischen Eltern und Kindern*. München 1989
Nicht nur für eine bessere Kommunikation zwischen Eltern und Kindern, sondern zwischen allen Menschen, insbesondere Paaren. Überzeugend, einfach und verständlich, mit vielen praktischen Beispielen.

Russ Harris: *Wer dem Glück hinterherrennt, läuft daran vorbei*. München 2009
Das spannende Umdenkbuch zeigt: Wir müssen schwierige Gefühle und Gedanken nicht erst loswerden, bevor wir anfangen können, ein erfülltes Leben zu führen.

Thomas A. Harris: *Ich bin o.k., Du bist o.k. Wie wir uns selbst besser verstehen und unsere Einstellung zu anderen verändern können*. Reinbek 1975
Dieses Buch vermittelt ein gutes Verständnis für unsere eige-

nen Probleme und deren Entstehung, auch im Verhältnis zu anderen.

Louise L. Hay: *Gesundheit für Körper und Seele. Wie Sie durch mentales Training Ihre Gesundheit erhalten und Krankheiten heilen.* München 1995
In eingängiger und überzeugender Sprache vermittelt die Autorin die Fähigkeit, das eigene Leben zu verändern und zu bestimmen.

Hans Jellouschek: *Die Kunst als Paar zu leben.* Stuttgart 1992
Eine absolute Pflicht-Lektüre für alle Paare und die, die es werden wollen!

Hans Jellouschek: *Der Froschkönig. Ich liebe Dich, weil ich Dich brauche.* Stuttgart 2001
Ein wunderbar therapeutisches und heilendes Büchlein, eine eingängige Deutung des bekannten Grimm'schen Märchens. Das Thema ist: Wie gebe ich meine Erwartungshaltung auf und beginne, für mich zu sorgen (Wandlung zum Königssohn)?

Peter Kummer: *Ich will. Ich kann. Ich werde. Die hohe Schule des konstruktiven Denkens.* München 1996
Eine locker und vergnüglich geschriebene Darstellung über die Macht der eigenen Gedanken. Überzeugend und faszinierend.

Peter Kummer: *Warum geschieht gerade das ausgerechnet mir?* München 1998
Die Fortsetzung von *Ich will* öffnet Verständnis für größere Zusammenhänge.

James Redfield: *Die Prophezeiungen von Celestine. Ein Abenteuer.* München 1998
Ein Geheimtipp und Klassiker! Die bedeutsamsten Erkenntnisse für ein sinnerfülltes Leben verpackt in einen spannenden Roman!

Fritz Riemann: *Grundformen der Angst. Eine tiefenpsychologische Studie.* München 1999
Eine Abhandlung zum Verständnis der 4 verschiedenen Persönlichkeitstypen und deren zugrunde liegenden Ängste. Gut geeignet zum besseren Verständnis von z.B. depressiven Persönlichkeitsstrukturen.

Ralph Waldo Trine: *In Harmonie mit dem Unendlichen.* München 1994
Ein Buch aus dem vorletzten Jahrhundert, aber in weiser Erkenntnis über die wahren Zusammenhänge und Hintergründe unseres Lebens.

Neale Donald Walsh: *Gespräche mit Gott. Band 1. Ein ungewöhnlicher Dialog.* München 1997
Ein wahrhaft ungewöhnlicher Dialog, fesselnd und bewegend. Verbunden mit der Gewissheit, an den Kern unseres Lebens herankommen zu können.

Über den Autor

Dr. Jens Baum, Jahrgang 1947, ist Frauenarzt, ärztlicher Therapeut und Autor. Seit 1980 arbeitet er in eigener Frauenarztpraxis mit zunehmend psychosomatischer Ausrichtung. Nach selbst durchlebten schweren persönlichen und beruflichen Krisen arbeitete er in der Zeit von 1999 bis 2003 als ärztlicher Therapeut in einer psychosomatischen Klinik und leitete dort unter anderem die Angst- und allgemeine Gesprächsgruppe. Seit 2004 ist Jens Baum wieder in eigener Praxis tätig. Bei dieser Arbeit gibt es immer wieder Anlässe, Patientinnen in vielfältigen problematischen und manchmal sehr leidvoll empfundenen Situationen zu begleiten. Er lebt mit seiner Familie in der Nähe von Ulm.
Alle Schritte zu einem selbstbestimmten Leben ist er selbst gegangen und weiß darum, dass es funktionieren kann. Aus diesen Erfahrungen und durch aufmerksames Lernen in der »Schule des Lebens« ist sein Wissen entstanden, dass er in seinen Büchern beschreibt. Der wesentliche Kern dieses Wissens beinhaltet diese beiden Sätze: »Worauf ich meine Aufmerksamkeit richte, dorthin fließt meine Lebenskraft« und »Es sind nicht die Dinge, die uns belasten, sondern unsere Gedanken darüber«. Das geschieht oft unterbewusst, aber es geschieht. Viele fühlen sich gefangen in Problemen und Sorgen. Der Blick auf die Lösung hingegen eröffnet Perpektiven in Richtung eines selbstbestimmten und erfüllten Lebens, verschafft neuen Lebensmut und setzt ein Vielfaches an Lebenskraft frei. Es hängt von der eigenen Entscheidung ab, neue Wege zu gehen, wenn die alten nicht weitergeführt haben.

Wenn Sie Fragen oder Kommentare haben:
jens.baum@web.de, www.jens-baum.de

Psychologie & Lebenshilfe

Wege aus der Krise

Holger Reiners
DIE GEZÄHMTE DEPRESSION
Erfülltes Leben nach der Krankheit
176 Seiten. Gebunden mit SU
ISBN 978-3-466-30763-0

Rolf Sellin
WENN DIE HAUT ZU DÜNN IST
Hochsensibilität – vom
Manko zum Plus
176 Seiten. Klappenbroschur
ISBN 978-3-466-30884-2

Peter A. Levine
VOM TRAUMA BEFREIEN
Wie Sie seelische und
körperliche Blockaden lösen
Mit 12 Übungen auf CD
Gebunden
ISBN 978-3-466-30760-9

H. P. Unger/C. Kleinschmidt
BEVOR DER JOB KRANK MACHT
Wie uns die heutige Arbeitswelt in
die seelische Erschöpfung treibt –
und was man dagegen tun kann
200 Seiten. Klappenbroschur
ISBN 978-3-466-30733-3

015

KÖSEL

SACHBÜCHER UND RATGEBER
kompetent & lebendig.

www.koesel.de
Kösel-Verlag München, info@koesel.de